인문학은 성경을
어떻게 만나는가

텍스트로 콘텍스트를 사는 사람들에게

인문학은 성경을 어떻게 만나는가

© 박양규

초판 1쇄 발행 | 2021년 01월 27일
초판 3쇄 발행 | 2023년 07월 17일

지은이 | 박양규
발행인 | 강영란
편집 | 강혜미, 권지연
디자인 | 트리니티
마케팅 및 경영지원 | 이진호

펴낸곳 | 샘솟는기쁨
주소 | 서울시 충무로 3가 59-9 예림빌딩 402호
전화 | 대표 (02)517-2045
팩스 | (02)517-5125(주문)
이메일 | atfeel@hanmail.net
홈페이지 | https//blog.naver.com/feelwithcom
페이스북 | https//www.facebook.com/publisherjoy
출판등록 | 2006년 7월 8일

ISBN 979-11-89303-45-7(03190)

박양규 지음

인문학은 성경을 어떻게 만나는가
How Humanities Meet the Bible

텍스트로 콘텍스트를 사는 사람들에게

샘솟는기쁨

혼란한 시대의 기준,
오늘을 살아가게 하는 책

교회가 교회로서의 기능을 할 수 있는 중요한 기준은 '환대'이며, 이것을 통해 구원이 확장될 수 있습니다. 이 책은 숫자와 영웅에 초점을 맞추며 교회의 본질을 망각해 가는 한국 교회의 근본적인 문제를 예리하게 지적함과 동시에 성경을 새롭게, 그리고 현실에 와 닿을 수 있는 방법을 제시했습니다. 그 방법 역시 환대와 구원의 관점이며, 이 관점을 구체적으로 제시했다는 점에서 한국 교회에 성도들에게 좋은 영향을 미칠 수 있으리라 기대합니다. 성경을 더 깊이 이해하기 원하시는 분들에게 일독을 추천합니다. **_송태근 목사, 삼일교회 담임**

평범한 신자들이 흉내 낼 수 없는 압도적인 희생과 헌신의 주인공들이 있습니다. 귀한 분들이지요. 그러나 우리는 그저 그런 일상 속에서 하루를 통과합니다. 신앙의 영웅들이 살았던 삶의 조건이나 환경과는 전혀 다른 자리로 부름 받고 있는 것이지요. 저질렀던 죄를 또 저지르고, 후회하고, 탄식하고, 다시 일어났다가 또다시 무너지는 지긋지긋한 우리의 삶과 일상, 우리의 구질구질한 이 삶에도 신앙적인 의미와 이유가 있을까요? 이 책을 붙잡고 차분히 읽으십시오. 신앙의 거인들의 삶과 신

인문학은 성경을
어떻게 만나는가

앙만큼 복된 자리로 부름 받고 있는 우리 자신을 깨닫고 감격하게 될 것입니다. _김관성 목사, 행신교회 담임

성경이란 무엇인가? 누구를 위한 성경인가? 성경의 메시지는 무엇인가? 어떻게 이해할 것인가? 그때 거기서의 의미는 무엇이고, 오늘 이 자리에선 어떻게 적용할 것인가? 이 작고 옹골진 책은 바로 이 질문에 정면 승부한다. '인문학으로 성경을 읽는다'는 서적들이 간간이 나왔지만, 성경을 문학, 역사, 예술과 촘촘하게 묶어 그 의미를 풀어 가는 이 책의 방식은 독보적이다. 혼자서도 좋지만, 책의 흐름과 제안대로 여러 명이 함께 읽어 간다면 더없이 좋다. _최주훈 목사, 중앙루터교회 담임

저자가 제시한 성경 읽기는 "나는 누구이고 어떻게 살 것인가?" 이 단순하고도 명료한 질문 앞으로 우리를 안내한다. 마침내 그 여행의 끝, 자신을 마주한 우리에게 저자 박양규 목사는 "그리스도인이란 '그리스도처럼' 옳은 가치를 선택하는 사람들이지 고난을 피해가면서 꽃길을 추구하는 사람들이 아니다."라고 단호하게 전한다. 이 책은 삶이라는 거

룩한 영적 전쟁터 위에 서 있는 성도(아무개)들을 예수님께로 이끄는 명징 (明徵)한 안내서이자 수준 높은 신앙의 교본이다. _**김태균 집사, 영화 〈암수살 인〉 감독**

모태신앙 가정에서 자라는 이들이 으레 그렇듯 신앙에 관한 여러 의문과 회의에 맞닥뜨린 적이 많았습니다. 하지만 교회에서 그런 질문을 하고 생산적인 고민을 할 기회를 만나기는 쉽지 않았습니다. 그럴 때마다 일찌감치 목회자의 꿈을 품었던 동생은 함께 고민하고 공감해 주는 좋은 친구가 되었고, 미처 생각하지 못한 부분을 알려 주는 선배의 역할을 해 주었습니다.

수십 년간 기독교인으로 살아오면서 안타까운 점은 여전히 한국 교회에는 질문과 토론이 없고, 자구 하나에 집착하며 바벨탑 같은 성경 지식만을 쌓아 가고 있다는 것입니다. 공허한 설교와 맹목적 아멘만 넘쳐나는 것도 여전합니다. 이를 극복하려면 관성으로 굳어진 시각의 틀을 깨고 성경을 바라보는 노력이 필요할 것 같습니다. 이 책은 그 점에서 큰 도움이 됩니다. 고민 많은 신자이자 저자의 누나로서 이 책이 무척 고

인문학은 성경을
어떻게 만나는가

맑고 반갑습니다. _박경은 집사, 경향신문 기자

　　우리는 왜 무엇을 위해 이 땅에 왔고, 그래서 어떻게 끝날까지
가야 하는가? 이것은 고대 철학자들의 질문이었고, 앞이 보이지 않는 현
대인들의 변함없는 질문이기도 하다. 이 책이 주는 통찰은 고대인들과 현
대인들의 환경은 다르더라도 본질은 같고, 그런 까닭에 과거의 사람들과
대화를 나누면 미래를 걸어갈 혜안을 얻을 수 있다는 것이 아닐까? 그 평
범한 통찰이야말로 우리가 혼란한 시대에 붙잡아야 할 기준임을 깨닫게
된다. 지나간 풍경에서 지금을 길어 올려 오늘을 살게 하는 책이다. _신소
윤 집사, KBS 공채 27기 성우

　　이 책은 성경 속 믿음의 인물들에 가려져 깊이 생각해 보지 못
했던 주변 인물 '아무개'들의 이야기를 들려준다. 아무개들이 처한 당시
상황이 어땠을지, 분위기와 주변 환경, 인물들의 표정 하나하나가 머릿속
에 그려지게끔 상상력을 자극한다. 또 아무개들의 이야기를 그림, 문학
등 예술을 통해 풀어 주면서 아무개의 삶이나 지금 나의 삶이 다르지 않

다는 것을 공감하게 해 준다. 성경을 읽은 뒤 현실에 어떻게 적용해야 하나 고민하는 이들에게 아무개들과의 소통이 도움이 되길 바란다. **_양아람 집사, TBS 교통방송 기자**

세상에 속한 크리스천의 눈으로 성경을 보면 아브라함, 노아, 바울과 같은 영적 '영웅'들에게 스포트라이트를 비추게 된다. 그러나 하나님의 영광의 빛은 오히려 노예, 고아와 과부, 서민 등 소위 '아무개'를 비추고 있다. 이 책은 우리의 메마른 시각에 인문학적 렌즈를 더하여 하나님의 관점으로 성경을 이해할 수 있도록 해 줌으로써 믿음의 '코페르니쿠스적 전환'을 이끌어 낸다. 그리고 성경 말씀에 인문학적 근육과 힘줄을 더하여 오늘 거친 삶을 살아가는 하나님의 아무개인 우리에게 손을 내밀어 하나님의 작품으로 완성될 수 있도록 붙잡아 줄 것이다. **_이원상 집사, 조선대 법학과 교수**

한때 '1등만 기억하는 사회'라는 말이 흔히 들릴 때가 있었다. 오늘날 여러 곳에서 다양한 사람들의 삶 그 존재 자체를 인식하고 인정하

인문학은 성경을
어떻게 만나는가

려는 노력이 있다. 그러나 아직도 우리는 영웅적인 삶을 살아온 사람들에게 집중한다. 그리고 그들이 어떻게 살아왔는지 꼼꼼히 들여다본다. 저자는 이 책에서 '아무개'로 불리는 우리 같이 평범한 사람들에게 집중하게 한다. 책을 읽는 동안 많은 위로가 되었다. 이 책에 소개된 그 옛날 아무개들이 지금도 고군분투하는 대다수의 우리이지 않을까? 하나님께서 당신의 형상대로 사람을 지으셨다고 하셨는데 오늘날 삶의 터전에서 매일 평범하게 살아가는 우리는 어떻게, 무엇으로 사람들을 대하고 있는지 스스로 자문하게 한다. 저자는 인문학이 영감이 된 성경을 벤치마킹의 텍스트로 삼아 아무개로 살아가고 있는 우리의 현실인 콘텍스트에 적용한다. 이 책은 크리스천들의 소그룹 토론 교재로 사용해도 좋을 것 같다. 크리스천이 아니더라도 사고의 폭을 넓히기에 참 좋은 책이므로 관심 있는 모든 분에게 추천한다. _함창우 집사, SK 이노베이션 M&A 담당 임원

왜 이 책은
오늘의 지침이 되는가?

우리는 누구나 크고 작은 선택을 하면서 살아간다. 때로는 짜장면과 짬뽕 사이에서, 혹은 '따아'와 '아아' 사이에서 고민한다. 나아가 대부분 마음속에 이직, 결혼, 진학, 이혼, 취업 등 인생의 방향을 결정짓는 선택에 짓눌리며 산다. 그러고 보면 인생은 무수한 선택들이 만든 결정체다. 과거의 선택들이 현재를 만들고, 현재의 선택들이 미래를 만들어 나간다. 그렇게 본다면, 과거에 선택만 잘했어도 현재는 달라져 있을 거라고 생각하거나, 지금 내리는 선택의 조각들은 미래의 퍼즐을 결정하게 된다는 것도 분명하다.

이런 고민에서 이 책을 쓰기 시작했다. '선택'만 놓고 보면 현대인들은 역대급으로 가장 무기력한 존재들이다. 코로나의 터널을 경험하면서 '언택트'냐 '온택트'냐의 말잔치 속에 살고 있으며, 스마트폰에 인생을 양보하기라도 하듯 얼굴을 묻어 두며 살아간다. 스마트폰이 신체의 일부가 된 인간, '포노 사피엔스'가 되어 살아가는 순간에도 빅 데이터는 우리를 분류하고 있다. '그'는 클릭 70번이면 친구들보다 나를 더 잘 알고, 300번이면 배우자보다 나를 더 잘 안다.

줌(Zoom)이든, SNS(Social Network Service)든 다양한 방식으로 소

통하지만, 인생의 선택을 함께 고민할 공감이 있는 '대화'를 경험한 적이 있는가? 정보만 주고받는다면 우리는 정보의 한 부분이 되어 가고 있을 뿐이다. 시대가 어떻게 변했든지 우리는 여전히 선택을 하며 살아가는 존재다. 끊임없이 우리를 길들이려는 세상에서, 나답게 살아가는 것이 기적인 세상에서, 우리가 소통하고 공감해야 하는 대상은 누구일까?

　　이 책은 인문학적 시각으로 성경과 공감하고 소통하는 관점을 제공할 것이다. 성경을 볼 때, 이 책을 읽기 전과 읽고 난 후가 결코 같을 수 없을 것이다. 이 책을 통해 성경 속에서 지금까지 지나쳐 왔던 사람들과 대화를 하게 될 것이다. 그들은 우리들에게 어떤 말을 건네며, 선택의 기로에 서 있는 우리에게 어떤 조언을 하게 될까?

　　한 세기 전의 인류는 수차례의 세계를 뒤흔드는 전쟁을 경험했다. 그 이전 시대로 거슬러 올라갈수록 전쟁은 일상이었다. 과거의 인류는 전쟁뿐 아니라 전염병과 학살, 차별과 혐오, 마녀사냥 같은 혹독한 현실을 겪었다. 그것과 비교한다면 현대인들이 경험하는 '질병'의 현실은 그나마 가벼운 시련임에 틀림없다. 과거의 '아무개'들은 우리보다 훨씬 모진 현실 속에서 어떤 선택을 했고, 어떤 지침으로 살아갔을까? 그것이 인문학을 통해 공감하는 시선이다. 성경 속 아무개들도 마찬가지다. 그들에게 시선을 고정한다면 그들은 감정과 눈물과 삶의 애환으로 우리에게 비로소 말을 건넬 것이다. 그들과의 대화는 선택과 삶의 기로에 서 있는 우리에게 선명한 지침을 알려 주리라 확신한다.

왜 우리는 성경 속의 사람들과 대화를 해야 할까? 만일 현대인들과 같은 포노 사피엔스가 물질로 구성된 존재라면, 빅 데이터의 알고리즘은 우리를 주관하는 주(主)님이 될지도 모르겠다. 그러나 우리의 존엄성과 숭고함은 '물질'이라는 기반에서 나오는 것이 아니다. 물질이라는 '질그릇' 속에 무엇도 대신할 수 없는 '하나님의 형상'이 있기 때문에 우리는 가장 나답게 살아가는 존엄함을 배워야 한다. 우리의 가치는 관계, 교감, 정서, 감정을 통해 드러나기 때문이다.

그렇다면 우리와 비슷한 환경을 살아가던 아무개들과의 대화를 통해 우리의 선택을 점검해 보고, 삶의 지침을 얻을 수 있을 것이다. 그 대화 속에서 소통을 할 수 있다면, 당신의 콘텍스트를 인도하는 텍스트는 새로운 의미로 다가올 것이다.

인문학적 시선에
공감해 준 고마운 이들에게

이 책을 접할 독자들은 한국 교회를 바꿀 주역들이라고 감히 말하고 싶다. 30-40대들은 교회의 지도자들이라고 하기에는 젊은 느낌이 있고, '청년'이라고 하기에는 좀 나이가 많다. 그럼에도 불구하고, 이들은 교회에서 소그룹을 지탱하는 리더, 목자, 교사, 간사 같은 소그룹을 이끄는 사람들이다. 생계와 봉사 사이에서 늘 갈등하며 발버둥치지만 이도저도 아닌 것 같은 부담감으로 하루하루를 버텨 내는 세대들이 아닐까 싶다.

팬데믹을 겪으면서 '한국 교회'를 들먹이는 표현을 많이 듣는다. 엄밀히 말해 한국 교회란 없다. 여러 교회들의 집합체로서 무형의 추상 명사다. 여러 '교회들'이라는 말도 추상명사에 가깝다. 교회들이란, 건물도 아니고, 담임목사나 당회와 동일시되는 것도 아니다. 수많은 소그룹이 모여 교회 공동체를 이루며, 그런 교회들을 합쳐서 한국 교회라는 무형의 집합체를 가리킨다. 그렇다면 소그룹들이야말로 한국 교회를 지탱하는 가시적인 벽돌들이 아닐까? 그 소그룹을 대하는 태도가 모여서 한국 교회의 태도를 형성할 것이다.

지난 시간 동안 한국 교회는 사회를 주도하기는커녕 오히려 걱정의 근원이 되었고, 많은 '가나안' 성도를 양산했다. 그 이유를 고민해 본다면 성경을 보는 관점과 무관하지 않다. 많은 사람이 성경을 볼 때, 소위 '영웅'들을 중심으로 보는 반면, 영웅 주변의 사람들은 '숫자'로 취급한다. 모세와 함께 했던 200만 명의 숫자, 오병이어의 기적을 경험했던 예수님 주변의 5천 명의 숫자, 베드로의 '집회'에 회심한 3천 명의 숫자는 영웅들의 역량을 나타내는 지표에 불과하다. 그 숫자를 이루는 사람들은 인격도, 감정도, 정서도 없는 개체일 뿐이며, 영웅을 위한 들러리다. 어쩐지 한국 교회의 현실과 밀접해 보이지 않은가?

이 책을 읽는 '우리'는 눈물과 감정을 가진 인격체로 간주되는가, 아니면 영웅의 교세를 드러내는 숫자 속의 개체인가? 내가 사람들을 바라볼 때, 한 사람 한 사람을 정서와 삶의 애환을 가진 이들로 보는가, 아니면 나의 역량을 드러내는 숫자의 집합체로 보는가?

이 책이 소망하는 바가 바로 이 지점이다. 만일, 우리가 광야에 있던 200만 명의 노마드들 한 사람 한 사람에게 시선을 맞출 수 있다면, 떡 한 조각으로 끼니를 해결해야 했던 유대인 극빈자들과 공감할 수 있다면 성경 본문이 새롭게 열리는 경험을 하게 될 것이다. 이 책은 그런 시선을 열어 줄 것이다. 나아가 교회 속에서 접하는 사람들을 대할 때, 그들은

인문학은 성경을
어떻게 만나는가

숫자를 이루는 개체가 아니라 눈물과 감정과 삶의 애환을 가진 사람들로 보일 것이다. 그런 시선이 소그룹마다 생겨난다면 그것이 곧 교회의 시선이 될 것이고, 그것이 모여 한국 교회의 태도가 될 것이기 때문이다.

그러므로 우리가 인문학적 시선으로 성경을 본다면 한국 교회가 변화될 수 있는 담론을 만들어 갈 수 있다. 이런 가슴 뛰는 시도를 함께 할 수 있도록 꿈을 공유해 주신 샘솟는기쁨의 강영란 대표님께 진심으로 고마움을 전한다. 필자의 이런 시선을 응원해 주고, 격려해 주신 삼일교회의 송태근 목사님과 동역자들, 그리고 아낌없는 힘을 실어 주신 성도들을 잊을 수 없다. 이 원고에 함께 공감해 주고 친히 추천사를 써 주신 분들에게 진심으로 고마움을 전한다. 특히 늘 아낌없는 힘을 주신 행신침례교회의 김관성 목사님과 중앙루터교회의 최주훈 목사님께는 많은 사랑의 빚을 졌다. 끝으로 넓은 길이 아니라 좁을 길을 선택할 때에도 변함없이 고통을 함께 짊어져 준 사랑하는 부모님과 가족들에게 말할 수 없는 고마움을 전한다.

2021년 1월 저자 박양규

세상을 바꾸는
성경 속 인문학

한국의 기독교 집단이 성경적이라고 말할 수 있을까? 이것이 인문학과 관련해서 대담하게 던지는 질문이다. 성경적이지 않다면 인문학으로 성경을 읽는 '태도'가 필요한 이유다. 태도에 강조점을 두는 것은 인문학을 모르는 사람이라도 누구든지 밀레와 고흐의 시선은 가질 수 있기 때문이다. 우리에게 필요한 것은 한 인간을 향한 '시선'이지, 인문학 '지식'이 아니다.

세상을 바꾸는 성경 속 인문학

왜 인문학인가?

불과 3년 전만 해도 출판 도서 판매지수 1위가 경제경영 분야였는데 이제는 인문 분야라고 한다. 그래서인지 TV와 유튜브를 비롯한 각종 매체에서 인문학 콘텐츠가 쏟아져 나왔다. 인문학 콘텐츠를 생산한 강사들의 몸값이 올라가고, 매스컴의 영향을 받은 표지들은 서점 한복판에서 정복한 영토의 깃발처럼 나부낀다. 아무도 들춰 보지 않을 것 같았던 인문학이 곳곳에서 나팔을 부는 시대는 예전에 없던 현상이 분명하다. 그럼에도 불구하고 이해가 되지 않는 것은 인문학의 영역은 늘어 가는 반면, 대학의 인문학과들은 줄줄이 통폐합되고 있다는 아이러니다. 인문학이 상아탑에서는 외면 받고, 대중매체에서 '소비'되는 현상이라면, 이것 역시 자기계발의 한 흐름으로 지나가는 트렌드가 아닐까.

군이 현대 사회를 과거와 비교한다면 19세기 프랑스 사회를 꼽을 수 있다. '밀레나 고흐'는 어느 때보다 우리 사회에서 '인싸'가 되었다. 그들은 프랑스 살롱전에서도 외면 받았던 '아싸'였다. '살롱 문화'란, 신흥 부르주아 계급들이 '귀족적' 문화를 형성하기 위해 만든 문화였다. 밀레와 고흐는 평생 배고프게 살았고, 가난하고 소외된 사람들에게 따뜻한 시선을 보내며 하늘의 별과 같은 걸작들을 남겼다. 반면 살롱 문화는 자신들의 신분과 계급, 지적 허영을 과시하기 위한 장이었다.

위에서 언급한 '인문학 열풍'의 성격을 분석해 본다면, 밀레나 고흐보다는 살롱 문화에 가까워 보인다. 광장에서 '책 읽어 주는' 소리들이나 그림 이야기들이 '상식'처럼 확산되지만, 『데미안』에서 묘사한 인생의 고뇌, 『걸리버 여행기』에서 말하는 부조리한 현실, 밀레와 고흐의 그림이 전하는 '한 인간에 대한 연민'까지 확산되는 것 같지는 않기 때문이다. 말과 글의 '레퍼런스' 정도로 인용되고, 지적 수준의 지표로 사용되는 인문학이라면 그것이 살롱 문화가 아닐까. 그런 태도라면 작가들과 화가들이 등을 돌렸던 그 무엇이 아니었을까.

인문학과 예술이 우리에게 감동을 주는 이유는 '기교' 때문이 아니라 '정서' 때문이다.[1] 그것들이 만들어진 상황은 '구체적'이다. 톨스토이나 알베르 까뮈가 펜을 들었던 시기는 러시아 정교회가 극도로 타락했고, 프랑스 사회가 부조리로 가득했던 시기였다. 영국 사회가 유토피아 사회였다면 우리가 아는 셰익스피어가 나올 수는 없을 것이고, 스페인이 성경의

---

1) 윌리엄 서머싯 몸/ 권정관 옮김, 『불멸의 작가, 위대한 상상력』(개마고원, 2008), 7-17.

인문학은 성경을
어떻게 만나는가

가르침을 그대로 실천하는 사회였다면 돈키호테의 캐릭터는 기대하기 힘들었을 것이다. 고흐의 그림에서 따뜻함을 느끼고, 마네의 그림에서 불편한 사회를 엿볼 수 있는 이유는 그들이 살던 시대가 우리 시대와 다르지 않았고, 작품들이 만들어진 배경은 구체적이었기 때문이다.

여기서 한 가지 생각이 스친다. 서구는 오랫동안 기독교가 지배한 사회였다. 그러나 인문학 작품들이 생산된 배경을 표현해 본다면 기독교 사회였지만 성경적이지 않은 사회로 인해서 생긴 갈등과 고뇌가 작품들을 만드는 거대한 동기가 되었다. 모순이 아닐 수 없다. 기독교 사회였지만 성경적인 사회가 아니라는 사실은 그 시대와 그 공간을 살아가는 사람들에게는 좌절하게 만드는 현상이었지만, 위대한 예술을 만들어 낸 또 다른 기회가 되었다.

대한민국 상류층은 기독교의 영향이 크다. 요람에서 무덤까지 기독교 이념으로 설립된 학교, 기업, 단체를 접하지 않은 경우는 드물다. 적어도 미션스쿨은 다녀봤을 테니까. 이 사회 속의 기독교는 비기독교인들에게 밀레와 고흐의 시선을 가지고 있을까, 아니면 살롱 문화의 태도를 가지고 있을까? 그들만의 리그, 그들만의 언어와 문화는 사회에서 스스로를 분리해 내려는 살롱 문화와 묘하게 닮아 있다.

한국의 기독교 집단이 성경적이라고 말할 수 있을까? 이것이 인문학과 관련해서 대담하게 던지는 질문이다. 성경적이지 않다면 인문학으로 성경을 읽는 '태도'가 필요한 이유다. 태도에 강조점을 두는 이유는 인문학을 모르는 사람이라도 누구든지 밀레와 고흐의 시선은 가질 수 있기 때문이다. 우리에게 필요한 것은 한 인간을 향한 '시선'이지, 인문학 '지식'이 아닌 이유다.

밀레의 〈만종〉

성경과 공감하기가 필요한 이유

이 책에서 언급하는 인문학의 범주를 굳이 비유하자면 밀레와 고흐냐 아니면 살롱 문화냐를 들어서 설명을 했다. 우리가 지향하는 인문학이란 고립되고 단절된 특권층의 문화가 아니라 인문학적 시선으로 사람들을 바라보고, 부당함에 대해 분노하는 것을 말한다.

밀레의 가장 유명한 그림 〈만종〉이다. 들판에는 농부 부부가 있고, 그들 사이에는 감자 바구니가 있다. 해질녘에 이 부부는 감사기도를 드리는 것처럼 보인다. 일용할 양식을 주신 데 대한 감사의 기도일까? 저녁 시간의 기도, 즉 삼종기도는 보는 이들에게 평화로운 느낌을 준다.

이 그림에 접근하는 방향은 두 가지다. 1856년, 바르비종, 퐁텐블로, 미국인 구매자, 삼종기도에 대해 알고 있다면 그것은 살롱 문화식 접근이다. 반면 밀레가 이 그림을 그렸을 때, 알프레드 상시에와 주고받은 편지에서 밀레의 심정을 엿볼 수 있다. 그는 아이들에게도 먹일 것이 없었고, 속옷조차 변변하게 입을 형편이 되지 않았다. 어떻게 해서든 끼니를 해결해야 하는 절박한 형편이었다. 그러다 보니 극심한 편두통과 끊임없이 마음속에 솟구치는 자살에 대한 충동이 이 그림을 그렸을 때 밀레의 심정이었다.

전자의 시선으로 이 그림을 바라본다면 농부 부부는 무척 평화로워 보인다. 지금으로 친다면 저녁기도를 마치고, 집에 들어가면 TV 앞에서 저녁 시간을 보내고, 주변 사람들과 여유롭게 SNS를 주고받을 것 같은 느낌이다. 반면, 밀레의 편지를 통해 후자의 입장으로 이 그림을 본다면 사뭇 달라진다. 높은 영아 사망률로 인해 태어나자마자 죽었던 아이들이 너무 많았고, 밀레가 그랬듯이 들판에서 굶주림으로 신음하는 사람들이 너무 많았기 때문이다.

밀레의 또 다른 작품 〈이삭 줍는 여인들〉에는 세 여인이 이삭을 줍고 있다. 〈만종〉만큼 평화롭고 목가적인 그림으로 알려져 있다. 정말 평화로운가? 두 여인은 90도로 허리를 숙여 이삭을 줍지만 그녀들의 손에 들린 것으로는 끼니를 해결하기도 부족해 보인다. 그 옆에 좀 더 나이든 여인은 허리를 굽힐 힘도 없는 듯하다. 세 여인이 더 슬프게 느껴지는 이유는 멀리 산더미처럼 쌓인 곡식들이 보이고, 그것을 수레에 싣고 있는 장면 때문이다. 그것을 지키는 말 탄 사람이 보인다. 이 장면이 밀레의 그림에 나오는 아무개들이 더 슬프게 보이는 이유다.

밀레의 그림들이 평화롭게 보인다면 그림 속에 등장하는 인물들을 '대상화'했기 때문이다. 살바도르 달리는 밀레의 그림을 보고 굶주린 농부들의 슬픔을 대상화하지 않았다.

살바도르 달리는 루브르박물관에서 〈만종〉의 감자 바구니가 덧칠한 흔적이라는 것을 직감했으며, 멀리 교회는 마지막에 그린 것이라고 생각했다. 달리는 두 농부 부부가 감자 바구니로 감사의 기도를 올리는 장면이 아니라 원래는 죽은 아이를 관에 넣고 땅에 묻고 있는 장면이라고 생각한 것이다.

실제로 루브르박물관의 X-ray를 통해 촬영한 결과 감자 바구니는 덧칠한 것이 맞았고, 뒤의 교회도 그렇다는 것이 판명되었다. 물론, 감자 바구니 아래의 물체가 바구니를 스케치한 것인지 영아를 묻은 관인지에 대해서는 밀레만 알겠으나, 상시에와 주고받은 편지를 상상해 본다면,

살바도르 달리의 〈황혼의 격세유전〉

밀레의 눈에 보이는 농부는 평화롭고 넉넉한 환경이 '결코' 아니었음은 분명하다. 해서 살바도르 달리는 농부 부부의 모습을 죽음과 연관시켰고, 밀레의 그림을 모티브로 한 작품에서 가슴에 구멍이 뚫린 모습으로 그려냄으로써 그들의 마음을 이해하려고 애썼다.

살바도르 달리는 우리에게 생각할 여지를 준다. 문학과 예술을 즐기고 감상할 수도 있겠지만, 그것이 현실을 바라보는 시선이 될 수도 있다. 밀레와 고흐의 그림을 눈으로 보고 즐길 수도 있지만, 그 그림 속에 등장하는 것과 같은 사람들은 우리 주변에도 너무 많기 때문이다. 사람들의 고통을 공감하고, 따뜻한 손길을 내미는 것이야말로 그리스도인들이 세상에서 드러내야 할 정체성이기에.

독실한 신앙의 소유자였던 밀레와 고흐는 사람들을 대상화하지 않았다. 그들에 대한 공감이 작품 속에 스며들었다. 살롱 문화처럼 보이는 오늘날 기독교의 모습이 '제도'라면, 약자들과 공감하는 것은 기독교의 '정신'이다. 제도가 없어도 정신은 존재하지만, 정신이 결여된 제도라면 더 이상 존재의 의미는 없다. 대부분의 인문학은 기독교 사회 속의 '성경'이라는 양분을 토대로 한다. 똑같은 양분을 먹고 자라지만 어떤 것은 살롱 문화가 되고, 어떤 것은 밀레의 그림이 된다면 그 차이는 어디에서 오는 것일까?

인문학으로 성경을 공감할 수 있는가?

교회와 관계를 갖다 보면 '한 영혼이 천하보다 귀하다'는 말을 듣는다. 무슨 말인지 짐작은 하겠으나 그 구절이 사용된 용례를 따진다면 고개가 갸우뚱해진다. "온 천하를 얻고도 제 목숨을 잃으면 무엇이 유익하리요(마 16:26, 막 8:36, 눅 9:25)"라는 구절을 변형한 것인데, 아무리 살펴봐도 뉘앙스는 달라 보인다. 텍스트에서는 철학적인 의미로 사용되었다면, 콘텍스트에서는 '비교급'으로 사용하고 있다. 한 영혼이 천하보다 귀하다는 용례는 특정한 의도가 있을 때 애용된다. 태신자, 선교, 전도와 같이 포교와 관련된 목적을 위해 애용하는 일종의 '프로파간다'로 사용된다. 목적이 사라지면 용례도 사라지고 만다. 그런 목적과 관련 없는 상황에서 한 영혼을 천하보다 귀하게 여기는 시선은 찾아볼 수 없다.

'한 영혼'을 들먹이는 것이 특정한 목적을 위해서인지, 아니면 종교의 진심에서 나온 것인지는 우리가 던져야 하는 질문이다. 김훈 작가의 표현처럼, 인간에 대한 초보적인 감수성만이라도 작동한다면 그런 구호는 의미가 있을 것이다. 반면, 인간의 고통에 둔감한 상태로 외치는 '한 영혼 타령'이라면 심하게 말해서 죄악이 아닐까 싶다.[2]

우리가 몸담은 공동체나 집단이 살롱인지, 밀레인지를 구분하는 것은 좀 더 명확하다. 한 영혼 타령을 하는 곳에서 정말 관심이 있는 것은 한 영혼 자체가 아니라 한 영혼들이 모인 '숫자'다. 현대 사회에서 숫자는 가치를 나타내는 척도로 인식된다. 교회를 구성하는 숫자는 그 교회의 가치로 평가된다. 몇 명의 숫자를 동원하는가는 그 사람의 능력과 직결된 수치다. 그런 인식 속에서 한 개인에 대한 배려와 관심은 없다. 그런 관점이 형성된 이유는 성경을 읽을 때 숫자 중심으로 보기 때문이다.

2) 김훈, 『밥벌이의 지겨움』(생각의나무, 2004), 119-120.

인문학은 성경을
어떻게 만나는가

대부분의 사람은 성경을 '영웅' 중심으로 읽는다. 모세는 '약 2백만 명'의 사람들과 함께 출애굽을 했고, 오병이어 기적을 '5천 명'의 숫자들에게 행했다. 사울이 죽인 숫자는 '1천 곱하기 1천'이며, 다윗이 죽인 숫자는 '1만 곱하기 1만'이다. 이런 시선은 매우 익숙하다. 역사 속에서 대중은 영웅들을 주목하고, 영웅들이 이루어 낸 찬란한 숫자만 기억한다.

존 싱어 사전트가 그린 〈개스드(Gassed, 독가스에 중독된)〉라는 그림을 보자. 역사책에서는 제1, 2차 세계대전의 승전국만 기억할 뿐, 얼마나 많은 개인이 희생되었는지는 오로지 숫자로만 표기될 뿐이다. 이 그림은 승리 뒤에 감춰진 그늘을 표현한다. 독가스 공격으로 시력을 잃은 병사들을 한 명의 위생병이 야전 병원으로 이끌고 있다. 각각의 병사들의 모습에서 실존의 고통을 우리도 느끼게 된다.

승전국의 영웅들이 역사의 페이지에 자신의 이름을 알렸을 때, 이들은 평생 어둠 속에서 살아갔다. 그들의 행렬 뒤로 멀리 공을 차는 또 다른 병사들이 대조를 이루고 있다. 역사 속에 영웅들 말고, 숫자를 이루는 이런 개인들을 생각해 보았는가? 출애굽을 했을 때, 200만 명의 사람들은 어떤 마음으로 황량한 사막을 걸었을까? 5천 명의 개개인들은 왜 저녁 늦게까지 벌판에 있었을까? 성경을 보면 그들이 예수의 '설교'에 은혜를 받아서 앉아 있었던 것이 아니었음은 분명하다(요 6:26).

예수께서 일으킨 기적에만 초점을 맞추지 말자. 더 이상 숫자들을 대상화하지도 말자. 영웅들에게 주목하는 순간, 역사든, 인문학이든, 성경이든 우리와 비슷한 현실을 살아가는 사람들은 숫자 속에 가려질 뿐이다. '가나안' 성도들이 탈출한 지점이 바로 숫자가 아닐까?[3]

존 싱어 사전트의 〈개스드(독가스에 중독된)〉

존 싱어 사전트의 그림을 다시 살펴보자. 우리가 윈스턴 처칠이나 아이젠하워 같은 사람이 아니라 두 눈을 가린 한 명의 병사에게 이야기를 건넬 수 있다면 우리의 삶은 어떻게 달라질까? 광야를 거닐던 한 명의 히브리 사람, 밤이 되도록 굶주린 배를 움켜쥐고 지루한 강연을 들었을 한 명의 유대인과 대화를 나눌 수 있다면 어떨까? 위대한 기적을 행했던 예수 앞에 있었던 12년간 하혈(下血)을 했던 여인이 어떻게 12년을 살아왔는지, 38년간 앞을 보지 못했던 맹인이 어떻게 38년을 살아왔을지 생각을 해 본다면 같은 상황이지만 전혀 다른 의미를 발견할 수 있다. 그들은 왜 그런 선택을 했고, 어떤 현실을 살았는지 나눌 수 있다면 우리 눈앞에 놓인 선택에 대한 의미는 전혀 달라질 것이다.

카라바조의 〈의심하는 도마〉를 보자. 성경의 도마는 제자, 사도, 그리고 성인으로 추앙받은 인물이다. 이 그림의 도마도 '경건'한 인물로 떠올리게 된다. 그러나 카라바조가 선정한 모델들은 빈민, 매춘부, 노름꾼, 유태인들이었음을 생각한다면 이 그림은 달리 보인다. 카라바조는 이런 이들에게서 하나님 나라를 발견했다고 고백했다.

이 표현, 어디서 많이 들어본 것 같지 않은가? 예수께서 이 세상에 오셨을 때, 언제나 매춘부와 세금징수원과 과부들의 친구였던 사실을 기억했기 때문이다. 이 그림이 의미 있는 것은 먼 옛날 성경에 나오는 장면을 '테네브리즘'이라는 예술기법으로 표현했기 때문이 아니라 일상을 살아

---

3) 가나안 성도란, '가나안'을 거꾸로 하면 '안나가'라는 말로서 특정한 교회에 나가지 않는 성도들을 말한다. 즉, 교회에 출석하지 않으면서 스스로를 '성도'라고 일컫는 사람들로 교회의 이중적 모습에 실망했기 때문이라는 의견이 많다.

카라바조의 〈의심하는 도마〉

가는 약자들과 성경이 소통하고 있다는 사실이다. 이 그림을 통해 성경을 읽을 때, '도마'는 더 이상 이 세상에 존재하지 않는 제자가 아니라 우리 주변에서 복음 앞에 쭈뼛거리는 평범한 사람들로 포용할 수 있다.

　우리가 우리의 선택의 문제를 놓고 대화를 나눠야 하는 사람들은 분명해졌다. 아무개를 향한 공감을 통해 현실을 소통해 보기를 바란다. 본문으로 들어가기 전에 큰 공감을 주었던 시 한 편을 소개하고자 한다.

어느 책 읽는 노동자의 의문

- 베르톨트 브레히트

성문이 일곱 개나 되는 테베를 누가 건설했던가?

책 속에는 왕들의 이름만 나온다.

왕들이 손수 돌덩이를 운반했을까?

그리고 몇 차례나 파괴되었던 바벨론

그때마다 누가 그 도시를 재건했던가?

황금빛 찬란한 리마에서

건축노동자들은 어떤 집에서 살았던가?

만리장성의 축조가 끝난 그날 밤

석공들은 어디로 갔는가?

위대한 로마 제국에는

개선문이 참으로 많다. 누가 그것들을 세웠던가?

로마의 황제들은

누구를 정복하고 승리를 거두었던가?

많은 사람이 찬미하는 비잔틴에는

시민들이 살던 궁전들에만 있었던가?

전설의 나라 아틀란티스에서조차

바다가 그 땅을 삼켜 버리던 밤에

물에 빠져 죽어 가는 사람들이 노예를 찾으며 울부짖었다고 한다.

젊은 알렉산더는 인도를 정복했다.

그 혼자서?

카이사르는 갈리아를 토벌했다.

적어도 취사병 한 명쯤은 대동하지 않았을까?

스페인의 필립 왕은 그의 함대가 침몰당하자 울었다.

다른 사람들은 울지 않았을까?

프리드리히 2세는 7년 전쟁에서 승리했다.

그 말고도 누군가 승리하지 않았을까?

역사의 페이지마다 승리가 나온다.

승리의 향연은 누가 차렸던가?

영웅이 10년마다 나타난다.

거기에 드는 돈을 누가 냈던가?

그 많은 보고(報告)들.

그 많은 의문들.

인문학으로 성경 읽기(1) - 텍스트와 콘텍스트의 구조

'인문학으로 성경 읽기'란 인문학적 소양과 지식을 필요로 하는 성경 읽기가 아니라는 것을 앞서 언급했다. 한 사람에 대한 존엄성의 관점으로 성경을 보는 것이며, 영웅들을 향한 시선이 아니라, 우리와 비슷한 현실을 살아가는 '아무개'들과의 대화를 인문학으로 성경 읽기라고 한다. 성경 속에서 아무개들과 대화를 나누며 성경을 읽으면 우리가 살아가는 현실에 대한 태도와 그 속에서 만나는 사람들에 대한 시선이 어떻게 바뀌게 될지 독자들이 직접 경험할 것이다. 인문학의 영감이 된 성경을 벤치마킹의 '텍스트(text)'로 삼아 우리의 현실인 '콘텍스트(context)'에 적용해 보려고 한다.

우스갯소리로 조선 시대는 멀고, 로마 시대는 가깝다고 한다. 500년 전 조선 시대 사극도 제작을 위해 전문가들의 조언과 역사적 고증을 거친다. 반면 전혀 다른 시공간 속에서 기록된 성경은 아무런 고민 없이 접근한다. 두 시간짜리 영화에도 암시, 복선, 반전이 있고, '맥락'이라는 것이 있다. 성경이 처음 기록될 때도 문맥으로 기록된 두루마리였고 장절은 후대에 추가되었다.[4]

현대인들은 성경을 문맥으로 읽기보다는 '큐티'에 익숙해서 그런지 단락을 조금씩 쪼개서 읽는다. 바쁜 현대인들에게 이런 읽기 방식은 '최소'일 뿐 표준이 될 수도 없고, 표준이 되어서도 안 된다. '문맥'을 간과한다

---

4) 처음 성경이 기록되었을 때, 장절 구분이 없었다. 1228년 캔터베리의 대주교 스티븐 랭턴(Stephen Langton)에 의해 최초로 장이 구분되었고, 16세기에 들어서야 비로소 절이 구분되었다.

면, 남는 건 '교훈 도출' 밖에 없다. 과장을 보탠다면 이런 방식은 '이솝 우화'와 본질적인 차이가 없다. 문맥의 진의(眞意)는 사라지고, 위인전을 보듯 교훈을 모색한다. 그렇게 길들여졌기에 텍스트는 콘텍스트에 큰 영향을 주기가 어렵다.

그런 방식으로 성경을 읽을 때, 영웅 중심으로 읽는다. 이것이 텍스트가 콘텍스트에서 외면 받는 이유다. 영웅들은 '선택'을 하지 않는다. 무슨 말인가? 노아가 방주를 만들어야 하는 행위에 대한 선택을 하지 않았다. 선택은 이미 하나님이 내렸고, 노아에게는 순종만 있을 뿐이다. 아브라함이 갈대아 우르를 떠나는 것과 모세가 출애굽을 하는 선택은 하나님의 몫이었다. 그들에게는 순종이 필요했다. 그 밖의 영웅들에게 어떤 선택이 하나님의 뜻인지 고민하지 않았다. 그들에게는 선택이 주어졌고, 순종이 요구되었다. 텍스트 속의 영웅들은 이런 현실 속에 있었다.

반대로 우리는 콘텍스트 속에서 매번 선택을 내려야 한다. 결혼, 직장, 진로, 인간관계를 위한 선택 앞에서 무엇이 하나님의 뜻인지 고민한다. 이렇게 구조적으로 다르기 때문에 텍스트는 콘텍스트에서 외면을 받는다. 발등에 떨어진 현실에 대해 텍스트는 참 먼 이야기처럼 느껴지기 때문이다.

생각해 보자. 과거에 내린 선택이 모여서 현재를 만들었다. 현재 내리는 선택은 미래를 결정할 것이다. 그렇다면 성경의 아무개들과의 대화를 통해 현재의 선택에 영향을 줄 수 있다면 미래의 방향도 바꿀 수 있지 않을까? 현재 내려야 하는 선택에 하나님의 뜻을 참고할 수 있다면 좋겠다. 가령, 이혼이나 이직을 고민할 때, 하나님의 뜻이 무엇인지 알고 선택을 한다면 결과에 상관없이 후회하지는 않을 것 같은 마음이 든다.

인문학은 성경을
어떻게 만나는가

이렇듯, 텍스트와 콘텍스트의 간극이 너무 크기 때문에 현실에서는 텍스트가 아닌 다른 방편을 의지하게 된다. 그렇다면 우리와 비슷한 환경을 살아가는 사람들은 명확해진다. 우리가 주목해야 할 대상들은 영웅이 아니라 그들 주변에 있었던 아무개들이다. 그들은 정말 우리처럼 선택을 고민했다. 아브라함 주변의 아무개는 '이주'를 고민했고, 노아 주변의 아무개는 '이직'을 고민했다. 왜 그들은 그런 선택을 했는지 대화해 본다면 우리가 직면한 문제에 대해서도 중요한 지침이 무엇이며, 인생의 본질이 무엇인지 이야기해 줄 수 있을 것이다.

아무개들은 어쩌면 우리보다 더 혼란스러운 선택 앞에 있었다. 그들에게 선택이 어려웠던 이유는 그것이 시대의 표준과 상식이 아니었고, 거짓 선지자들 같은 '다른 채널'들이 많았기 때문이다(신 18:20). 아무개들은 '해석, 고민, 판단'이라는 과정을 거쳐서 결정했다. 우리도 무엇인가를 선택하기 위해서 해석, 고민, 판단을 하고 있지 않은가? 이렇게 구조적으로만 보더라도 성경의 영웅들은 우리와 비슷한 사람일 수 없다. 그들은 선택 지침을 직접 하나님으로부터 들었으니 말이다. 이것이 우리가 아무개들과 소통해야 하는 이유다.

인문학으로 성경 읽기(2) - 벤치마킹하기

'벤치마킹(benchmarking)'이란, 측정의 기준이 되는 대상을 설정하고, 그 대상과 비교, 분석을 통해 장점을 따라 배우는 행위를 말한다. 사전적 의미는 경쟁 관계에 있거나 기준이 되는 대상으로부터 비교하고 분석해서 스스로를 평가하는 것이다. 우리에게 측정 기준이 되는 대상은 누구이며, 누구로부터 기준을 세우고 비교할 수 있을까? 앞에서 반복해서 언급했던 아무개들이다. 성경에서 정서, 애환, 감정을 가지고 우리에게 말을 건네는 아무개들이 누구인지 벤치마킹을 해 보자.

종교는 신의 뜻을 알고, 신에게로 나아가는 수단이다. 성경은 하나님의 뜻을 '계시'라고 하며, 기록된 경전인 성경을 '특별 계시'라고 부른다. 그것을 구조로 나타내면 아래의 도식과 같다.

현실이라는 콘텍스트에 발을 딛고 있는 인간에게 하나님은 텍스트라는 계시를 주셨다. 그러나 텍스트는 모든 일거수일투족의 지침을 콘텍스트 속에서 제공하지 않는다. 콘텍스트를 위해 텍스트를 해석하고 고민한 후에 판단을 내린다. 그렇다면 텍스트와 콘텍스트의 관계는 오른쪽 아래의 도식과 같다.

성경은 다양한 저자들이 다양한 환경 속에 기록한 책이다. 성경에서는 저자들이 기록하는 과정에서 '영감'이 있었다고 말한다(딤후 3:16). 영감이 있다고 믿기 때문에 텍스트는 하나님의 뜻을 분별하는 기준이다. 성경

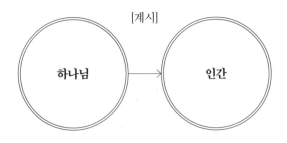

인문학은 성경을
어떻게 만나는가

이라는 텍스트를 콘텍스트에서 실행하기 위해서 인간은 해석, 고민, 판단을 필요로 한다. 문자 그대로 지키지 않기에 콘텍스트와 텍스트에 큰 간격이 있어 보이는 것이 사실이다. 아래의 도식에서 보는 것처럼 우리는 텍스트를 보며 해석, 고민을 통해 판단을 한다. 그렇다면 텍스트 속에서 하나님으로부터 영감이나 직접 계시를 받았던 영웅들이 아니라, 우리처럼 해석, 고민을 해서 판단을 하는 사람들은 누구인가?

  이것을 가장 잘 표현한 화가는 카라바조다. 16세기의 로마 교회는 종교개혁에 대항하기 위해 트리엔트 회의를 개최하며 내부 개혁을 단행했다. 예술을 장려해 웅장하고 장엄한 종교화들을 교회에 내걸면서 분위기를 쇄신하고자 카라바조에게 그림을 주문했다. 그가 의뢰를 받고 그린 그림은 〈성 마태오의 영감〉이었다. 카라바조는 하늘의 천사와 소통하며 마태복음을 기록하는 마태를 그렸지만 로마 교회의 반응은 냉소적이었다. 로마 교회는 마태라는 '성인(聖人)'을 주문했으나 카라바조는 평범한 모델을 등장시켰고, 발가락의 발톱 밑에 때가 낀 지극히 현실적인 면을 묘사

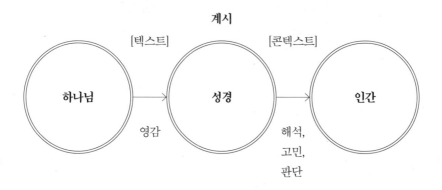

했다. 마태는 텍스트를 기록했지만 그의 콘텍스트는 꽃길이 펼쳐지지 않았다. 우리는 하나님의 말씀에 순종하며 살아가지만 우리의 현실은 언제나 만만치 않고, 하나님은 침묵하는 것처럼 느껴진다.

마태를 즐겨 그렸던 카라바조의 또 다른 걸작은 〈성 마태오의 소명〉이다. 로마 교회는 성인을 주문했지만, 마태는 노름판에 앉아 있는 범부(凡夫)에 지나지 않는다. 카라바조의 현실에서 세리는 텍스트에만 있을 뿐이다. 반면, 로마 교회는 세리 마태를 성인으로 생각하면서도 노름판에 앉아 있는 사내에게 혐오와 경멸의 시선을 보내는 것은 아이러니다.

카라바조의 그림은 이렇게 우리에게 통찰력을 준다. 텍스트와 콘텍스트의 간극을 메워 준다. 텍스트 속의 마태를 콘텍스트 속에서 적용하기 위해 카라바조는 텍스트를 해석하고, 고민해서, 판단했다. 이렇게 텍스트와 콘텍스트 사이를 좁히기 위해서 어떤 시선으로 성경을 바라보고 공감해야 할지 이해되기 시작한다.

텍스트 속의 영웅들은 해석, 고민, 판단을 했을까? 노아는 방주를 만드는 것이 정말 하나님의 뜻인지 해석과 고민을 했을까? 아브라함과 모

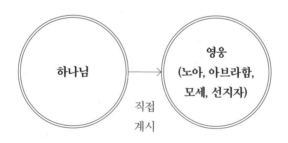

세는 떠나라는 명령이 하나님의 뜻이 아닐 수도 있다는 의심을 했을까? 그들에게 하나님은 직접 지시했다. 도식화하면 왼쪽 아래와 같다.

이런 구조를 파악했다면 본격적으로 벤치마킹을 적용해 보자. 영웅들은 초인적인 인간들이 아니다. 그들은 기본적으로 우리와 비슷한 사람들이다(약 5:17). 다른 점이 있다면 그들은 중요한 선택의 결정을 하나님이 직접 내려 주었다는 것이다. 영웅들은 적어도 선택에 대해서는 고민이 없었다. 우리는 성경을 보면서 배우자, 술, 담배, 분노, 성(性), 탐욕 등의 문제를 선택할 때, 늘 해석, 고민, 판단을 하지 않는가? 이렇게 구조적으로 다른 영웅들을 주목하기 때문에 성경이 비현실적으로 다가오는 것이다.

그렇다면 간단하다. 우리처럼 텍스트 속에서 해석, 고민, 판단을 하면서 선택을 내렸던 사람을 찾으면 된다. 그들을 찾아내는 것이 벤치마킹이고, 그들과 대화하는 것이 인문학으로 성경을 읽는 것이다. 누가 벤치마킹의 대상자들인가? 아래의 도식을 보자.

영웅들은 하나님으로부터 직접 계시를 받았다. 하나님은 호세아에게

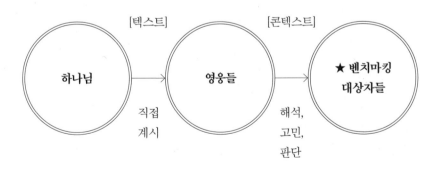

배우자를 직접 명령하셨고, 이삭에게도 그렇게 하셨다. 반면, 우리가 배우자를 선택할 때, 그런 일은 일어나지 않는다. 하나님이 배우자를 직접 선택해 주셨다면 그것은 계시라기 보다 전문 용어로 '콩깍지'다. 결국 선택은 우리의 몫이다. 해석, 고민, 판단을 하면서 말이다. 그렇다면 구약에서 누가 우리와 비슷한 과정을 거쳤던 사람들은 누구일까?

앞의 도식을 보면 우리가 누구를 벤치마킹해야 하는지 분명해진다. 노아, 아브라함, 선지자들 주변의 아무개들이다. 아무개들에게 선택은 절박한 현실이었다. 그들을 벤치마킹하고 그들과 대화를 나눈다면 텍스트는 콘텍스트에게 연결된다. 그리고 종전까지 숫자로만 인식되었던 사람들이 정서와 감정과 삶의 애환을 가지고 우리에게 대화를 건넨다. 무엇이 그들로 하여금 그런 선택을 하게 했는지 대화를 나누고 싶지 않은가?

인문학으로 성경 읽기(3) - 공감하기

종교개혁의 본질은 언어의 개혁이다. 중세 교회의 성직자들은 자신들도 모르는 '고상한' 언어를 사용했다면, 종교 개혁가들과 번역가들은 누구나 이해하는 '세속적'인 언어로 바꾸었다. 그림과 문학, 예술도 그런 맥락이다. 같은 텍스트를 누구는 고립시키고, 누구는 공감시켰다. 지금도 종교의 생명력을 가늠하는 척도는 '공감'이다. 타락한 종교일수록 그들의 언어는 고립으로 나아간다. 반면, 생명력이 있다면 그들의 언어는 절대로 고립될 수 없다. 에라스무스가 지적했듯이 원어들을 들먹이는 행위는 스스로 고립을 자초하는 행위다.

교회에서 외치는 언어가 일상에서도 사용되는가? 오늘날 개독교라는 오명을 듣는 이유는 그들의 언어가 이미 그들만의 암호가 되었기 때문이다. 교회에서 외치는 언어를 일상의 언어로 번역할 수는 없는가? 은혜, 믿음, 긍휼을 수없이 듣지만 일상에서 '구체적'으로 어떤 것이 은혜이고, 긍휼인

가? '인내'는 고상하고 '존버'는 세속적인가? 생명력을 유지하려면 텍스트와 콘텍스트의 언어 간극을 좁혀야 한다. 그 목적을 위해 '공감사전'이라는 코너를 만들었다. 이것이 아무개와 우리의 대화를 가능하게 하는 공감의 창문이 되어 줄 것이다.

선택의 기로에서 텍스트를 의지하지 못하고 다른 방법을 쓰며 방황하던 순간들, 즉 '멍청비용'을 줄이기 위해서 아무개를 통해 벤치마킹을 하고, 선택의 지침을 위해 아무개들과 소통할 수 있기를 소망한다. 이런 시도를 통해 독자들의 선택에 신선한 도움이 될 수 있기를 진심으로 바란다. 건투를 빈다.

어떤 믿음을
가졌는가?

공감 포인트 1

구 전

How
Humanities
Meet
the Bible

믿음의 사람들은 어떻게 믿음을 가졌을까? 종종 믿음의 사람들은 하늘에서 뚝 떨어진 믿음이 주어졌을 것이라는 착각에 빠지곤 한다. 그들이 어떤 환경에서 어떤 신앙을 선택했는지 생각해 본 적이 있는가? 그들의 믿음은 어느 날 하늘에서 떨어진 것이 아니라 치열한 환경 속에서 선택한 '가치'의 표현이다. 그들의 믿음을 보여 주는 실마리가 '구전'에서 비롯된다.

어떤 믿음을 가졌는가?

부러우면 지는 것이라는 말이 있다. 세상 사람들은 아무 걱정 없이 살아가는 것처럼 보인다. 그래서 나도 더 큰 집, 더 좋은 차, 최신 명품을 구입하면 부러움이 사라질 것 같지만, 오히려 마음속에는 공허함만 쌓인다. 그렇게 자존감이 가장 낮아지는 순간이 있다. 그럼에도 여전히 주변에는 부러운 것들로 넘쳐난다. 나답게 사는 것은 무엇이고, 나를 지탱하는 가치는 무엇일까? 그 가치를 아무개들이 알려 줄 것이다. 그들을 만나기 위해 '구전(Oral Tradition)'이라는 방식을 이해하지 못하면 영웅들만 보이고 그들은 사라진다.

성경의 서두에 나오는 창조, 타락, 홍수는 교회에 다니지 않아도 익숙한 본문이다. 그렇다면 노아 이전의 사람들은 모세오경이라는 텍스트도 없었을 텐데 어떻게 '믿음'을 가졌을까? 히브리서 저자는 그런 사람들도 '믿음에 의해서(by faith)' 구원을 받았다고 하는데, 어떻게 구원을 받았을까? 노아는 '여호와께 은혜를 입었다(창 6:8)'고 알려진 영웅이다. 노아는 어떻게 믿음을 가졌을까? 이 과정을 재구성할 수 있는 열쇠가 바로 구전이다.

히브리서에서 노아는 '의의 상속자'가 되었다(히 11:7). '의(義)'란, 범죄의 형벌이 해결된 상태를 말한다(롬 4:7). 노아 이전의 사람들에게 '범죄'라면 에덴 동산으로 거슬러 올라간다. 아담과 하와가 그곳에서 범죄했다. 그들은 나뭇잎으로 치마를 만들어서 범죄한 자신의 부끄러움과 수치를 가렸다(창 3:7). 하나님이 범죄의 형벌을 해결해 준 방식은 죄 없는 짐승이 인간 '대신' 죽음을 당하게 했다. 짐승은 'sacrifice'가 되었고, 인간은 '가죽옷'을 통해 부끄러움을 가렸다(창 3:21). 가죽옷은 그림자이며, 여자의 후손이 가져다줄 '복음'(창 3:15)이 노아 이전의 사람들이 구전으로 전달했던 믿음이었다.

창세기 4장에는 가인과 아벨이 나온다. 창세기 3장과 4장에 어떤 사건이 있었는지는 알 수 없다. 다만 아담 세대와 가인 세대 사이에는 세월의 간격이 있었지만(창 4:2), 구전으로 주고받은 것이 있었다. 가인과 아벨은 제사를 드렸고, 아벨이 가인보다 더 나은 제사를 드린 것은 믿음에 의해서였고, 히브리서 저자는 sacrifice가 증거가 되었다고 말한다. 노아 이전의 사람들 사이에서 발생하는 구전은 성경과 공감하고 소통하는 매우 중요한 요소다.

아담의 10대 후손

아래의 도표는 아담에서부터 노아까지의 세대들이 공존한 연대를 계산한 것이다.

아담의 10대 후손이 노아다. 믿음의 후손은 도표에서 보는 것처럼 한 세대씩 이어져 왔고, 당대에는 해당 가족만 믿음의 후손이었던 것 같다. 그것을 엿볼 수 있는 것은 노아 시대에 방주에서 살아남았던 사람은 노아의 식구뿐이었다. 노아의 형제들이나 사촌, 친척들은 방주를 만드는 것에 동참하지 않았다. 믿음의 후손은 한 가정 단위로 마치 바통을 전달하는 것처럼 이어져 온 반면 가인의 후손은 기하급수적으로 불어났다.

노아의 사례를 염두에 두고, 아담-셋-에노스-게난으로 이어지는 족보를 생각해 보자. 믿음의 후손이 셋에서 에노스로 이어졌지만 직계가 아

세대별 공존 이해 도표

아담	셋	에노스	게난	마할랄렐	야렛	에녹	므두셀라	라멕	노아
130세	셋								
235세	105세	에노스							
325세	195세	90세	게난						
395세	265세	160세	70세	마할랄렐					
460세	330세	225세	135세	65세	야렛				
620세	490세	385세	295세	225세	160세	에녹			
685세	555세	450세	360세	290세	225세	65세	므두셀라		
872세	742세	637세	547세	477세	412세	252세	187세	라멕	
-	-	819세	729세	659세	594세	-	369세	182세	노아
-	-	-	-	-	-		869세	682세	500세
930세	912세	905세	910세	895세	962세	365세	969세	777세	

닌 방계 자손들은 믿음의 반열에 동참하지 않았다. 믿음의 후손은 극소수였고, 믿음을 갖지 않은 사람들은 절대 다수였다. 시간이 지나면 더 심해진다. 상상력을 통해 당시 사회를 재구성해 보자.

셋이 태어났을 때, 아담은 130세였다. 셋이 105세에 에노스를 낳았을 때 아담은 235세가 되었다. 공존한 세대는 아담, 셋, 에노스였고, 나머지 절대 다수는 가인의 후손들이었다. 아담이 235년간 창조, 타락, 구속(원시복음)을 구전으로 외쳤고, 그것으로부터 믿음을 가졌던 인물은 셋과 에노스뿐이라는 말이다. 그만큼 이들이 지향하는 가치는 당시 사회에서는 소수의 사람들에게만 받아들여지는 가치였다. 그렇다면 영웅들이 아닌 셋, 에노스의 입장에서 시대를 살펴볼 수는 없을까? 창세기 4장 16-24절에는 가인의 후손들이 소유하고 누렸던 문명을 볼 수 있다. 셋과 에노스는 그 문명을 어떻게 바라보고 있었을까?

셋이 보았던 것은 '성(城)'으로 번역된 그들의 '도시(city)'였다. 그들은 일부다처제를 보편화했고(창 4:19), 장막(tents)과 가축으로 '소유'의 개념을 만들었다(창 4:20). 악기를 만들어서 '문화'를 형성했고, 이것들이 합쳐져서 '문명'이 되었다. 셋과 에노스는 문명으로부터 소외된 인간들이다. 가인의 후예들이 소유했던 것을 번역한다면 성공, 출세, 안정, 권력, 재산 등이다. 현대인들이 부러워하는 것이 가인의 손에 있다.

창세기 4-5장에는 우리와 비슷한 콘텍스트를 살아가는 아무개들이 보인다. 바로 셋, 에노스, 게난, 마할랄렐 같은 인물들이다. 그들이 어떤 현실을 살아갔을지 이해하는 도표는 다음과 같다. 그들이 구전을 들으며 가인이 건설한 문명을 보는 마음과 우리가 부러움을 가지고 보는 환경은 본

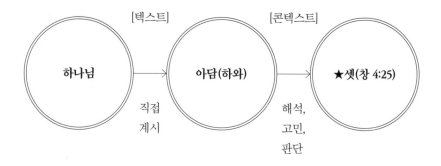

질적으로 동일하다.

셋의 후손들이 자신들의 가치를 선택하는 기준은 아담으로부터 구전된 이야기다. 그것을 듣고 해석과 고민과 판단으로 가치를 선택해야 했다. 반면, 그들을 둘러싼 문명을 바라보며 마음속에 솟아오르는 부러움에 대해 그들은 어떻게 받아들였을까?

공감하기 **여호와의 이름**

셋, 에노스 같은 아무개와 텍스트 속에서 대화를 나눠 보자. 가인의 후예들은 도시를 만들었고, 가축을 소유하고, 악기와 문명을 만들었다. 그들은 사회 속에서 '인싸'들이었고, 그들이 보유한 것은 '인싸템'이다. 셋의 후손이 '아싸'였던 것은 분명하다. 인구 비율을 보면 그들은 '혼밥'을 했던 사람들이다. 그런 시선으로 아무개들의 삶을 상상해 보자.

『카인의 후예』는 황순원의 소설이다. 황순원이 구약의 '카인(가인)'을 몰랐을 리가 없다. 그가 『카인의 후예』를 통해 표현하고자 했던 것은 인간 내면의 보편적인 악한 본성이다. 소설 속에서 북한은 토지개혁 후 지주들의 토지를 몰수하기 시작했다. 완장을 차고, 당에서 시키는 대로 지주들의 토지와 재산을 몰수했다. 토지개혁 이전에는 지주들의 이웃이었고 심지어 소작농으로 지내던 도섭 영감도 있었지만, 현실이 허락되자 탐욕의 본색을 드러내기 시작했다. 황순원은 토지 몰수는 물론 부엌 연장, 집안 공구, 심지어 비석 조각까지 빼앗으려는 탐욕을 그려 나간다. '도섭 영감'은 지금도 우리와 공존하는 인간의 전형이다. 지금 우리가 사회에서 맺고 있는 관계는 대부분 이익을 위해 맺어졌다. 환경이 바뀌고 이익이 사라지면 언제든 '차단' 버튼을 누를 수 있다.

성경에 등장하는 가인은 동생을 죽인 특정한 인물이 아니라 누구나 공존하는 인간, 아니 어쩌면 우리의 자화상인지도 모른다. 한나 아렌트(Hannah Arendt)가 말한 '악의 평범성'을 대표하는 인간이다. 악의 평범성은 한나 아렌트가 본인의 저서 『예루살렘의 아이히만』에 소개한 것이다. 아이히만은 제2차 세계대전 당시 아우슈비츠에서 수많은 유태인을 학살했던 장본인이었다. 종전 후 자취를 감췄던 그는 아르헨티나에서 체포되어 1962년 6월 1일에 재판을 받고 형장의 이슬로 사라졌다. 많은 유태인에게 아이히만은 사이코패스거나 괴물이어야 했다. 반면, 한나 아렌트가 경험한 그는 지극히 정상적인 남편이었고, 개신교 신자였으며, 자상한 가장이었다. 무엇보다도 자신의 임무에 충실했던 인간이었다. 문제가 있다면 자신에게 부여된 '무사유'가 그를 괴물로 만들었다. 타인의 입장에서 생

인문학은 성경을
어떻게 만나는가

각하지 못하는 무사유가 모든 인간 속에 내재하는 악의 평범성이다. 우리에게 악의 평범성은 없는가?

로비스 코린트(Lovis Corinth)가 그린 〈가인(Gain)〉이라는 작품은 우리 내면의 악의 평범성을 반영한다. 가인은 커다란 돌을 들고 내려치려 한다. 동생 아벨은 돌무더기 사이로 두 손은 내밀고 있다. 로비스 코린트는 왼편 상단에 자신의 이름을 서명했고, 바로 아래에 '1917'이라는 글자를 새겼다.

1917년은 제1차 세계대전이 한창 진행되던 때였다. 그 전에도 수많은 전쟁이 있었지만, 제1차 세계대전은 압도적으로 많은 사람이 죽었던 시기였다. 최첨단의 살인 기계들은 '전사자(戰死者)'가 아닌 '살육(殺戮)'을 만들었다는 것이 적절할 듯하다. 코린트가 1차 세계대전을 빗대어 〈가인〉이라는 그림을 그린 이유는 기독교 국가들끼리 벌인 학살이었기 때문이다. 학살을 위해 총을 쏘는 것은 자기에게 주어진 임무를 충실히 감당하는 행위였다!

1917년에 러시아에서 볼셰비키 혁명이 있었다. 혁명 이후에 숙청당한 사람들은 수천만 명이다. 국가의 이익과 이념에 의해 수많은 살육이 자행된 것이 1917년이다. 모두 '기독교 국가'들에 의해 저질러진 만행이다.

교회에서는 가인과 아벨의 후손을 구별한다. 이미 자신들은 가인의 후예들과 멀찍이 떨어진 곳에 있다고 외친다. 가인은 멀리 있지 않다. 우리가 지향하는 가치로 인해 우리도 가인이 될 수 있다. 그렇다면 어떤 가치를 선택해야 할까? 때로는 우리도 '가인의 문명'을 이루어 달라고 '기도제목'을 교환한다. 무사유가 아이히만을 만들고, 가인을 만들었다. 셋의 후손들은 가인의 문명을 보며 부러움이 없었겠는가? 자존심이 상하는 일이 없었을까? 그럼에도 불구하고, 창세기 저자는 이런 기록을 남긴다. "셋도 아들을 낳고 그의 이름을 에노스라 하였으니 그 때에 사람들이 비로소 여호와의 이름을 불렀더라(창 4:26)."

가인의 후손들이 소유하고, 향유한 것들 자체는 죄가 아니다. 분명한 것은 그들은 여호와의 이름을 부르는 대신 문명을 향유했다. '여호와의 이름을 불렀다'는 것을 어떻게 받아들일 수 있을까? 하나님과 동행하는 것이다. 더 나아가 마태복음 25장에는 흥미로운 비유가 나온다. 하나님과 동행하는 구체적인 삶이란 타인을 돌보고, 섬기고, 주린 배를 채우는 삶을 말한다(마 25:31-46). 반대로 하나님을 배척한다는 것은 타인을 '타자화'시키는 삶을 말한다고 기록한다. 1917년에 역사를 주도했던 나라들은 전통적인 기독교 국가였고, 1917년에도 여전히 종교적 제의는 진행되고 있었을 것이지만 탐욕을 위해 호수만큼의 피를 흘렸다면 단연코 하나님의 이름을 부르는 행동과는 거리가 멀었다.

'어떻게 살 것인가'라는 질문을 던져 보자. 만일 우리 생애가 오늘이 마지막이라면 더 비싼 집, 비싼 자동차, 명품 옷을 소유하지 못했음을 후회하지는 않을 것이다. 인생의 마지막 순간에 좀 더 사랑하지 못하고, 좀 더 남을 위해 살지 못했던 삶을 후회할 것이다. 그 가치를 인식하지 못하고 도대체 우리는 무엇을 위해 달려왔는가 하는 것을 알게 될 것이다. 그것이 우리를 지탱하는 진정한 가치다. 인생의 목적과 가치를 망각하고 쌓아 올린 문명은 공허함을 세운 탑이다. 쉬지 않고 달려가는 삶을 잠깐 멈추고 진짜 소중한 것들이 무엇인지 생각해 보자. 셋은 여호와의 이름을 부르기 시작(began to call)했다. 타인에게 시선을 돌리기 시작했다. 이것이 아무개들이 우리에게 속삭이는 선택의 기준이다.[5]

존 스타인벡은 아무개들의 해답을 우리에게 제시한다. 1962년 노벨 문학상을 수상한 그의 역작 『에덴의 동쪽』은 1952년에 발표된 작품이다. "나는 무엇을 믿고 사는가? 나는 무엇을 위해 싸우고, 무엇에 대항해야 하는가?"[6] 이는 존 스타인벡이 우리에게 던지는 삶의 질문이다.

지금 우리는 무엇을 믿고 살아가고 있는가? 우리는 무엇을 위해 투쟁하고, 우리를 지탱하는 가치는 무엇인가? 에노스 때에 비로소 아무개들은 여호와의 이름을 부르기 시작했다. 즉, 인생의 목적과 삶의 기반을 되돌아봤다. 아무개들이 가인의 후예들이 쌓아 올린 성공, 문명, 재산들을 보면서도 스스로를 지킬 수 있었던 것은 인생의 가치를 붙잡고 있었기 때문이다. 무엇을 위해 싸우고 대항해야 하는지 알았다. 성공, 재산, 문명이 무가치한 것은 아니다. 그러나 본질을 망각하고, 자신과 타인의 가치를 희생시켜서 얻어야 할 가치는 아니다. 그런 가치가 희생된다면 차라리 선택하지 않겠다는 결연한 의지가 아무개들이 '선택'을 했던 기준이다. 그 선택이 하나님을 기쁘시게 하는 삶이었다(히 11:5).

엄밀히 말해서, 에녹이 이룬 업적은 없다. 단지, 하나님과 동행한 것 뿐이다(창 5:24). 에녹이 그런 선택을 할 수 있었던 것은 구전으로부터 얻은 지혜다. 타인을 희생해서 얻은 1917년의 승리와 혁명을 가리켜 숭고하다고 하지 않는다. 인생에 존엄한 가치를 둘 때, 하나님은 우리를 숭고

---

5) 배철현, 『신의 위대한 질문』(21세기북스, 2015), 15-30. 이 부분에서 인사이트를 얻었다.
6) 존 스타인벡/ 정회성 옮김, 『에덴의 동쪽』1(민음사, 2008), 240.

하다고 간주하신다.

주옥같은 시편 8편 4절에서 '사람'에 해당되는 단어가 바로 '에노스'다! 시편 8편 4절을 우리 식으로 표현하자면 이렇다. '사람(에노스)이 무엇이기에 하늘과 태양, 달과 별들을 만드신 전능하신 하나님께서 사람에게 마음을 두시는 것입니까?'로 번역할 수 있다.[7] 도대체 사람이 무엇이기에 우리에게 마음을 쏟으시는 것인가. 우리가 내릴 결연한 선택의 기준에 해답이 있다.

스타인벡의 질문은 우리의 삶에 실존적인 고민을 하게 한다. 무엇을 믿고, 무엇에 대항하는가? 내가 교회에서 고백하는 믿음과 실존의 삶에서 믿는 믿음이 동일한가? 정말 우리가 대항해야 하는 것은 외부에 있는 것이 아니라 우리 내부에 있다. 입으로는 하나님을 거들먹거리지만 내부는 가인의 후예들이 가는 길을 걷고 있지는 않은가(사 29:13)? 우리의 투쟁 대상은 내면 속의 탐심과 허영이리라.

한국에는 장로교 비율이 압도적으로 높다. 장로교의 토대를 이룬 두 인물은 프랑스의 장 칼뱅(Jean Calvin)과 스코틀랜드의 존 녹스(John Knox)다. 교회에서 칼뱅과 녹스는 귀가 닳도록 설교에 인용되곤 한다. '칼뱅 가라사대', '녹스가 말하기를' 이런 표현을 듣노라면 칼뱅과 녹스를 사도들의 반열에 오른 사람들로 착각한다. 그만큼 450년 전에 그들이 세운 교리와 체제는 지금까지도 존립의 근간을 이룬다. 그렇다면 현대 한국의 장로교, 정말 우리는 칼뱅과 녹스를 따라가고 있을까? 칼뱅과 녹스의 마지막

7) 배철현, 26.

혼적이 있는 제네바와 에든버러에서 그 질문을 던진다. 우리는 어떻게 대답할 수 있을까?

칼뱅의 무덤은 그의 명성에 비해 초라하다. 그는 유언하기를 자신의 무덤을 화려하게 꾸미지 말고, 단지 식별할 수 있을 정도로 Jean Calvin의 약자인 'J. C.'만 새기라고 했다. 현재 제네바 시립묘지 707번 무덤의 울타리와 명판은 칼뱅의 후손들이 만든 것이지만, 칼뱅의 유언대로 식별하기 어려울 만큼 마모된 묘석 위로 희미하게 남은 J. C. 글자만 보인다.

칼뱅의 영향을 받아 스코틀랜드에서 장로교를 일으킨 존 녹스는 칼뱅보다 한 걸음 더 나아가 이름의 약자도 새기지 말아 달라고 했다. 그의 무덤은 그가 사역했던 에든버러 시내의 23번 주차 구역에 이름도 없이 초라하게 남아 있다. 장로교를 세운 영웅들이 선택한 가치는 지금도 우리에게 증언하고 있다. 오늘의 장로교는 칼뱅과 녹스의 무엇을 추종하는 것일까? 화려한 첨탑과 기업화된 조직에서 그들의 향기를 느낄 수 없다.

> "한국 교회가 세상에서 제 구실을 하고 있는가? 사회의 문제를 정확히 인식하고 있는가? 교회의 존재로 인해 사회에 긍정적인 영향을 주는 것이 무엇인지 냉정하게 생각해 보라. 문제는 배후에 깔린 돈 때문이 아닌가?" _고(故) 옥한흠 목사

지금도 선택의 기로에서 고민을 한다면 칼뱅과 녹스는 좋은 조언을 해 줄 것이다. 내가 내린 결정을 400년 후의 누군가가 평가한다면 어떤 가치를 선택하는 것이 합당할까.

인문학은 성경을
어떻게 만나는가

토론을 위한 질문

1. 나에게 가장 가치 있는 것은 무엇이며, 왜 그런가?
2. 내가 소중히 여기던 것들, 부러워했던 것들 중 더 이상 그렇지 않은
   것은 무엇이며, 왜 그런가?

어떤 삶을
선택할 것인가?

공감 포인트

2

구전과 환경

인생에서 내리는 선택의 기준은 합리적인 것인가, 아니면 의로운 것인가? 우리를 둘러싼 환경은 어떤 선택을 내리도록 강요하는가? 창세기 시대의 사람들은 우리보다 훨씬 믿음을 지키기 쉬운 환경에서 살았다고 생각하는가? 그들을 둘러싼 환경과 그들이 붙잡아야 했던 유일한 선택의 기준은 현재를 살아가는 우리에게도 중요한 기준을 제시한다.

어떤 삶을 선택할 것인가?

다수가 선택하는 가치가 있다. 그것을 세상의 이치, 혹은 관행이라고 한다. 그러나 다수가 선택한 것이 옳은 것은 아니다. 세상은 합리적이고 편리한 것을 추구하지만 의외로 옳은 방식을 추구하는 것은 드물다. 손해를 보기 때문이다. 그리스도인들은 어떤 삶의 방식을 선택해야 할 것인가? 아무개들은 어떤 선택을 했을까?

앞에서 구전을 살펴보았고, 여기서는 구전이 노아에게까지 '어떻게' 연결이 되었을지 생각해 보자. 아담은 930세에 죽을 때까지 셋, 에노스, 게난, 마할랄렐, 야렛, 에녹, 므두셀라, 라멕과 공존했다. 그렇다면 노아와 공존한 사람을 역으로 추적해 보면, 노아의 믿음은 누구로부터 구전되었는지 엿볼 수 있다. 앞 장에 언급한 〈세대별 공존 이해 도표〉를 보자. 노아가 구전을 통해서 인생의 가치를 발견하고 그것을 선택했다면 노아의 가족들도 셋과 에노스처럼 소수였고, 아웃사이더였을 것이다. 방주 안으로 들어갔던 사람들은 단 여덟 명뿐이었다(벧전 3:20). 노아의 가족들은 라멕, 므두셀라와 공존했고, 그들 역시 구전을 통해서 믿음을 가졌을 것이다. 어떤 선택을 하느냐에 따라 방주 안으로 들어갈 수도 있고, 방주 밖에서 머물 수도 있었다. 선택의 차이는 운명의 차이를 만든다.

벤치마킹하기 부패와 타락

　구전을 통해 노아의 가족들이 믿음을 가진 방식을 추론해 보았다. 노아의 홍수 사건을 영웅이 아닌 아무개의 눈으로 살펴보자. 익숙한 방식대로라면 노아가 하나님의 명령에 순종했듯이 우리도 순종하라는 결론은 많이 들었다. 이 본문 속에서 아무개와 대화를 나눈다면 본문은 어떻게 달라질까?

　이 스토리에서 아무개와 대화를 나누기에 참고가 되는 영화는 〈에반 올마이티(Evan Almighty)〉다. 영화의 주인공은 미국 국회의원이었던 에반 백스터였고, 그에게 모건 프리먼이 하나님으로 나타나서 방주를 만들라고 명령한다. 결국 그가 순종했다는 것이 영화의 줄거리다. 이 영화는 우리에게 에반의 가족들의 시선을 보여 준다. 하나님은 에반에게 나타나서 방주를 만들라고 했지만 가족들은 에반의 이야기만 들었다. 가족들에게 방주를 만드는 행위는 정신 나간 일이다. 에반 스스로도 그렇다는 사실을 잘 알았다. 에반은 '순종'의 문제였고, 가족들은 '선택'의 문제였다. 가족들은 결국 에반의 결정에 동참하기까지 해석, 고민, 판단의 과정을 거쳐서 선택했다. 방주를 만들면서도 왜 그 일을 해야 하는지 납득할 수 없었지만 가족이라는 이유로 동참했다. 〈에반 올마이티〉는 우리가 누구와 대화를 나눠야 하는지 알게 해 준다.

노아의 방주 이야기에서 우리가 새롭게 주목해야 할 대상은 누구일까? 성경은 노아의 가족들을 의(義)로운 사람들의 범주에 포함시키고 있다. "옛 세상을 용서하지 아니하시고 오직 의를 전파하는 노아와 그 일곱 식구를 보존하시고 경건하지 아니한 자들의 세상에 홍수를 내리셨으며(벤후 2:5)" 노아의 가족들은 의롭고, 경건한 자들이었다고 성경은 기억한다. 그들이 처한 환경은 어땠을까? 그들이 해석, 고민, 판단을 했던 대상은 무엇이었을까?

노아의 가족들 중 한 사람이 되어서 그 시각으로 본문을 살펴보자. 가족들에게 노아는 평소에 어떤 사람이었고, 노아 주변의 이웃들은 어떤 사람들이었을까? 노아 가족들이 보기에 세상 사람들은 악했고(창 6:11), 땅은 부패했다(창 6:12). 부패했다는 표현이 연속해서 나올 만큼 세상은 부

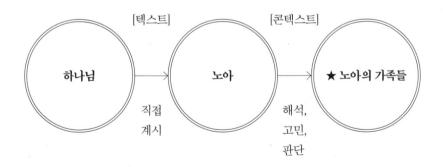

패했다. 사람들의 부패함으로 하나님은 세상을 창조한 것을 한탄했다(창 6:6-7). 구체적으로 부패하고 악한 것은 무엇을 말하는 것일까? 그들이 윤리적으로 악하고 타락했던 것을 말하는 것일까?

공감하기 냉혹한 시대

노아에게는 세 명의 며느리가 있었다. 그녀들이 본 노아는 어땠을까? 앞서 언급한 구전을 참고해 보자. 노아가 태어났을 때, 두 부류의 사람들이 있었다. 하나는 문명을 이룩한

공감사전
언택트 #G
언택트 : '사람과의 접촉을 지양한다'라는 의미
#G : '시아버지'를 빠르게 발음한 것

가인의 후손들이다. 다른 하나는 아벨(셋)의 후손들이다. 노아가 태어났을 때 에노스, 게난, 마할랄렐, 야렛, 므두셀라, 라멕과 공존하고 있었고, 하나님의 이름을 부르기 시작했던 에노스부터 라멕 사이의 세대들이 전하는 구전을 들었다. 하나님의 이름을 부른다는 말처럼 그들은 하나님과 동행하는 것이 그들이 추구하는 가치였다.

그들이 발을 딛고 사는 세상은 문명이 번성했고, 그 속에는 권력과 편리함도 있었다. 노아의 며느리들이 볼 때 노아, 므두셀라, 라멕 같은 사람들은 세상과 '다른' 사람들이었다. 가치관이 다르고, 삶의 태도와 목적이 달랐다. 자녀들이 봤을 때, 노아는 사회 부적응자처럼 보였을 수도 있고, 심지어 '왕따'로 보일 수도 있었다.

반면, 세상 사람들은 먹고, 마시고, 장가들고, 시집가고 있었다(마 24:37-38; 눅 17:26-27). 먹고, 마시고, 결혼하는 행위가 윤리적으로 타락했다

고 판단하기보다 이것을 달리 표현하자면 사람들은 철저히 자기중심적으로 살았다. 그런 시대 속에 살아가던 노아는 며느리들에게 소통하지 않는 시아버지, 즉 '언택트 #G'였다. 그런 #G가 가족들에게 찾아와서 입을 열었다. "하나님께서 산에 방주를 만들라고 하신다!" 며느리, 혹은 아들들은 어떤 기분이었을까?

요즘처럼 냉혹한 시대에는 젊은이들이 시집가고, 장가가는 것조차도 '사치'처럼 보이는 시대다. 그들을 보면 미안한 마음이 든다. 사회의 구조적 문제로 청년들이 희생해야 하는 것들이 너무 많다. 기성세대가 청년이었을 때와 비교하면, 취업과 안정의 가능성은 낮아진 반면, '노오력'은 높아졌다. 대학의 낭만은 사치이고 포기해야 할 리스트는 많아졌다.

먹고, 마시는 일 자체가 윤리적인 타락을 뜻하는 것은 아니다. 그런 행위들은 기본적인 욕구이며, 인간이 가지는 권리이기에 그 행위를 탓할 수는 없다. 문제는 생계에 집착한 나머지 철저히 개인화된 삶이 '목표'처럼 보인다는 것이다. 안타까운 것은 그런 목표가 사회의 궁극적인 가치가 되었고, 행복의 지표가 된 우리 사회의 인식이다.

예수께서도 이렇게 경고하셨다. "너희는 스스로 조심하라 그렇지 않으면 방탕함과 술취함과 생활의 염려로 마음이 둔하여지고 뜻밖에 그 날이 덫과 같이 너희에게 임하리라"(눅 21:34). 예수께서 하신 경고는 우리의 분주함을 되돌아보게 한다. 방탕함과 술취함은 차치하고서라도 늘 우리를 짓누르는 '생활의 염려'는 곱씹을 필요가 있다. 삶에 수반되는 본능이기는 하겠지만 자칫 미래의 불확실함은 감각과 판단을 마비시키는 요소가 될 수 있다.

주목해야 할 대상은 노아가 아니라 그의 가족들이다. 노아가 방주를 만든 것은 하나님의 직접적인 계시였지만, 며느리들에게 방주는 비정상이다. 텍스트는 노아의 가족들이 결국 방주를 만드는 일에 동참했다고 기록한다(벧전 3:20). 방주를 만들기까지 어떤 과정이 있었는지 알 수 없지만 히브리서 저자는 '믿음'이라는 단어로 압축한다(히 11:7).

주후 1세기의 유대 역사가 요세푸스는 노아를 기록하고 있는데, 노아의 제안부터 방주 안으로 들어가기까지의 과정을 재구성하도록 돕는다.

> "셋의 후손들은 7대 동안 하나님을 우주의 주인으로 계속 섬겼으며, 덕을 소중히 여겼으나 시간이 흐르자 타락하게 되었고, 선조들의 관심을 버리고 하나님께 영광을 돌리지 않았을 뿐 아니라 이웃을 정당하게 대하려고 하지도 않았다. 그들이 전에 덕을 쌓는데 보인 열정의 두 배나 더한 열정을 가지고 악한 행동을 하게 되자 결국 하나님이 그들의 적이 되었다. 하나님의 많은 천사가 여인과 동침해 아들을 낳았는데, 이 아들들은 자기 능력을 과신한 나머지 모든 선한 것들을 경멸하는 불의한 자들임이 드러났다. 전승에 따르면 이들은 그리스인들이 거인이라고 부르는 자들과 행동이 매우 흡사하였다고 한다. 그러나 노아는 그들의 행동이 불만족스러웠고 불쾌했기 때문에 좀 더 좋은 사람, 좀 더 나은 행동을 할 수 없겠느냐고 그들을 설득하기 시작했다. 그러나 그들이 자기 말을 듣지 않음은 물론 계속 사악한 욕망의 포로가 되어 있는 것을 보고 자기와 아내와 자녀들과 결혼한 자들을 죽일까 겁이 나자 그 땅을 떠나기로 했다. (유대고대사 1권 제3장 1절)"[8]

요세푸스의 기록을 보면 노아는 어떤 인간이 되어야 할지 고민했다. 노아는 셋의 후손들을 향해 어떤 인생을 살아야 하는지 설득했지만 이견을 좁히지 못하고, 거처를 옮기는 일을 감수했다. 베드로는 노아 시대를 회상하면서 "너희가 어떠한 사람이 되어야 마땅하냐(벧후 3:11)"라는 질문을 던진다. 베드로의 질문은 노아의 선택이 현실적인지, 성공에 도움이 되는지, 합리적인지의 기준이 아니다. 어떤 사람이 되어야 하는지의 질문이다. 노아의 가족들이 방주를 만드는 일에 동참할 수 있었던 지점이 아닐까?

세상의 방식이 무엇을 성취하고 소유할 것인가를 묻는다면, 성경은 '어떤 사람'이 되어야 하는가의 가치를 고민하게 한다. 요세푸스의 기록에 의하면, 노아 시대의 사람들은 욕망과 탐욕의 포로가 되었고, 노아는 그 가치관을 등지고 방주를 만들었다. 노아에게 선택의 기준은 '이익이 되는가'의 기준이 아니라 '옳은 것인가'의 문제였다. 이것이 우리가 선택을 앞두고 붙들어야 할 가치가 아닐까?

인문학으로 성경 읽기 | 지향할 가치

노아의 가족들이 선택했던 기준을 회상한 베드로는 이렇게 기록한다. "거룩한 행실과 경건함으로 하나님의 날이 임하기를 바라보고 간절히 사모하라(벧후 3:11-12)" 이 지점이 노아 가족들과 우리가 만나는 통로다. 양

---

8) 요세푸스/ 김지찬 역, 『요세푸스』1(생명의말씀사, 1995), 53-54.

심을 따라 옳은 선택을 하는 것이 그리스도인들이 마땅히 선택해야 할 가치의 기준이다(벧전 3:15-20). 그리스도인이란, '그리스도처럼' 옳은 선택을 하는 사람들이지, 고난을 피해가면서 꽃길을 추구하는 사람들이 아니다.

노아 가족들을 벤치마킹하지 않았다면 우리는 스스로를 꽤 괜찮은 그리스도인이라고 생각할지도 모른다. 그리스도인이라고 자칭하는 다수의 사람이 옳음과 정의로움 대신 성공과 현실을 위한 선택을 하기 때문이다. 생계와 행복을 포기하라는 말이 아니다. 정의로움과 옳음을 희생시키면서 선택하지 말라는 의미다.

베드로는 베드로전·후서에서 노아 가족을 떠올리며 '가치'라는 화두를 던졌다. 베드로는 예수의 사도로서 로마 시대에 현실적인 선택을 할 수 있었겠지만 옳은 것을 선택해서 기꺼이 최후를 맞이했다. 베드로는 주후 60년대 네로의 박해 당시 거꾸로 죽음을 당했다. 우리가 갈릴리에서 베드로와 같은 동네에 살던 이웃이었다면, 베드로와 요한의 '현실'을 어떻게 평가할 수 있을까? 베드로는 반란자가 되어 로마에서 정치범으로 처형되었고, 요한은 무인도에 유배되었다. 갈릴리 주민들의 기억 속에 그들은 철저히 실패한 인생들이다. 그와 반대로 역사는 그들을 어떻게 기억하는가? 그것이 우리가 지향해야 할 선택의 태도다.

미켈란젤로는 로마 교황의 신임 속에 여러 작품을 의뢰 받았다. 〈최후의 심판〉, 〈천지 창조〉 같은 위대한 걸작들이 그의 손으로 제작되었다. 미켈란젤로가 보았던 로마 교회, 가장 거룩하다고 여겨지는 교회의 심장부에서 그리스도의 향기 대신 악취가 진동하고 있었다. 그 모습을 본 마틴 루터는 16세기 초에 종교개혁을 일으켰고, 종교개혁은 카라바조의 그

카라바조의 〈베드로의 순교〉

·림에 영향을 주었으며 특히 평범한 사람들을 모델로 선택하는데 지대한 영향을 끼쳤다.

미켈란젤로는 종교개혁에 대항하기 위해 스스로를 쇄신하려는 로마 교회의 트리엔트 공의회를 지켜보았다. 〈성 베드로의 순교〉는 미켈란젤로의 말년 작품으로서 로마 교회의 수장들이 예배를 드리던 파올리나예배당(Cappella Paolina)에 걸린 그림이다. 가로, 세로가 무려 6미터가 넘는 거대한 그림인데, 로마의 고위급 종교인들은 이곳으로 드나들며 이 그림을 봤을 것이다. 미켈란젤로가 그린 베드로의 구도를 보면 몸을 뒤틀어서 이 그림을 볼 관객들을 향하고 있다. 미켈란젤로는 베드로를 통해 어떤 질문을 던지는 것일까?

미켈란젤로가 던진 질문에 카라바조가 대답한다. 카라바조는 미켈란젤로의 이름을 물려받아서 정식 이름은 '미켈란젤로 메리시 다 카라바조'다. 그는 제도적인 종교와 형식에 치우쳐 배타적으로 변한 종교인들로부터 어떠한 정의도 발견할 수 없었다. 그런 까닭에 자신의 그림에 창녀와 노름꾼 같은 이들을 주인공으로 등장시키며 사회적 약자들로부터 참된 모습을 발견했다고 고백한다. 그는 이런 말을 남겼다. "집시와 거지, 그리고 창녀들. 오로지 그들만이 나의 스승이며, 내 영감의 원천이다."[9] 미켈란젤로의 〈성 베드로의 순교〉에 나온 베드로처럼 카라바조도, 베드로도 관객을 향해 시선을 던지고 있다. 어쩌면 선택을 앞두고 고민하는 우리에게 어떤 기준을 선택해야 할 것인지 준엄한 눈빛을 전하고 있다.

베드로의 질문 앞에 당신이 대답할 차례다. 나의 선택은 옳음을 위한

9) 틸만 뢰리히/ 서유리 역, 『카라바조의 비밀』(레드박스, 2010), 8.

선택인가? 내가 내리려는 결정은 사회적 약자들의 눈물을 희생해서 얻은 전리품을 위한 선택인가? 나의 선택으로 하나님 나라가 더욱 확장될 수 있는가? 이 질문 앞에서 내 마음의 한편에 부담감이 있다면 즉시 그 반대의 선택을 하라. 노아의 가족들이 선택했던 것처럼 말이다.

토론을 위한 질문

1. 이 세상에서 합리적이고, 이익이 되지만 옳지 않은 선택은 무엇인가? 왜 그런가?
2. 옳은 선택을 할 때, 어떤 손해가 예상되는가? 반대로 어떤 좋은 면을 기대할 수 있는가?

공감 포인트 3

메소포타미아 문명

떠날 것인가,
머물 것인가?

갈대아 우르를 떠난 아브라함은 우리에게 '믿음의 조상'이라는 이미지를 남긴다. 그러나 아브라함이 거주했던 메소포타미아 문명을 자세히 들여다보고, 그가 취했던 행동들을 본다면 아브라함 역시 우리와 성정이 비슷한 사람이었음을 알게 된다. 아브라함의 믿음을 믿음되게 만들었던 동기는 무엇이었으며, 그것은 우리에게 어떤 의미가 될까?

떠날 것인가, 머물 것인가?

직장인들이라면 하루에도 열두 번씩 사표를 가슴에 품고 다니며 퇴사를 결심한다. 떠나려고 마음먹은 곳은 회사뿐만 아니라 학교, 교회, 공동체, 심지어 살고 있던 주거 공간도 예외는 아니다. 하나님은 한 번도 떠나라고 하거나 견디라고 하지 않는다. 언제나 선택은 나의 몫이다. 제발 한 번만이라도 선택을 대신해 주면 힘들더라도 '하나님의 뜻'이라고 되새기며 견딜 수 있을 것 같지만 나에게 그런 일은 일어나지 않는다.

성경 속에서 과감한 '결단'으로 알려진 인물은 믿음의 조상 아브라함이다. 그러나 '메소포타미아'라는 공간을 살펴보면 아브라함의 의외의 면모를 보게 될 것이다. 아울러 우리처럼 하나님의 뜻을 구하며 떠나야 할지, 버텨야 할지를 고민했던 아무개들도 보일 것이다. 우리와 비슷한 환경의 사람들은 누구였을까?

믿음의 조상 아브라함이 거주했던 곳은 세계사에 등장하는 메소포타미아 문명의 한가운데였다. 메소포타미아의 메트로폴리스였던 '우르'를 고려하지 않으면 아브라함이 등장하는 본문에서는 '순종과 결단' 외에는 남는 것이 없다. 세계사에 등장하는 인류 최초의 서사시였던 〈길가메시 서사시〉나 성문법이었던 함무라비 법전은 우르를 중심으로 꽃을 피웠다. 그 말은 아브라함이 살았을 당시의 우르는 문명과 법 제도가 완비된 완벽한 주거 공간이었다.

아브라함은 지구상에서 가장 찬란하고 번영한 장소에서 살았다. 우르는 메소포타미아 문명의 종교 중심지였다. 이 당시에는 자연신을 숭배했고, 이 신들은 인류의 생존과 번영을 책임졌다. 그런 신들과 가까이 대면하는 장소가 지구라트였다. 지구라트에서 신들과 대면했고, 밤하늘의 별들을 관찰하면서 빅 데이터(점성술)를 만들어 현실과 미래를 예측했다.

메소포타미아의 점성술은 당대의 최첨단 과학이었고, 그 기술은 이집트인들에게 전수되었다. 출토된 수많은 점토판은 우르의 문명 수준을 말해 주는 증거들이며, 길가메시 서사시는 이곳이 얼마나 번영한 곳인지를 보여 준다. 아울러 약육강식이 지배하던 고대 사회에 유독 이곳에서 '성문법'이 만들어진 것은 그곳이 얼마나 안전한 곳임을 말해 준다.

대영박물관의 '메소포타미아 전시관'에서는 아브라함 당시 문명이 얼마나 수준 높았는지를 볼 수 있다. 삼국 시대보다 훨씬 오래전에 이곳에 있던 아브라함을 하나님이 불러냈다면 누구보다 떠나기 싫었을 사람들은 아브라함의 가족들이 아닐까? 우르에 거주하던 가족들에게 가나안을 향한 방향 앞에는 거대한 사막만 놓여 있다. 이것이 아브라함 주변의 아무개들이 선택해야 하는 현실이었다. 메소포타미아의 배경을 이해하는 것은 아브라함과 그 주변의 아무개들의 마음을 공감하게 해 준다.

벤치마킹하기 **떠나고 포기하기**

'떠남'은 일상 속에서 겪는 영원한 고민이다. 몸담은 곳은 언젠가는 떠나야 하고, 그 시기를 고민하곤 한다. 머무름과 떠남 사이에는 늘 긴장이 있다.

어떤 이들에게 기도란 하나님의 뜻을 구하는 행위이지만, 요즘처럼 '기도하겠습니다'라는 말이 '아직 마음의 준비가 되어 있지 않으니 생각해 보겠습니다'와 동의어로서 '회피'의 수단으로 사용되는 경우도 드물지만 있다.

조금만 더 생각해 보자. 기도한 후에 생기는 '감정'을 하나님의 응답이라고 간주할 수 있을까? 마음이 편안해지는 것이 하나님의 뜻일까? 아브라함에게 '이에'(창 12:4)라는 단어는 아브라함의 부담감과 결단이 합쳐진 말이다. 감정이 편안해진 상태로 내린 선택이 아니다. 요나가 니느웨로 가라는 명령을 들었을 때와 다시스로 가는 뱃속에서의 감정은 정반대였다. 다시스로 갈 때 얼마나 편안했는지 폭풍 속에서도 단잠을 잤다.

이삭을 바치라는 명령은 아브라함에게 번민과 고뇌를 주었을 것이다. 감정적 상태가 하나님의 뜻이라고 할 수 없다. 아들을 바치라는 명령에 아브라함은 기도하겠다고 하지 않았다. 기도했더라도 감정적 변화는 없었을 것이다. 만일, 감정적인 변화가 일어났다면 다시스 행 티켓을 쥔 요나의 마음일 가능성이 많다. 부담감은 선택을 앞둔 아브라함과 그 가족들

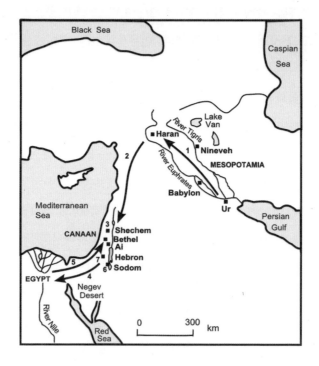

이 겪은 실존이며, 그들은 어떤 행위를 보였는지 다음의 지도는 잘 보여준다.

아브라함의 결단은 어느 날 갑자기 모든 것을 내버려 두고 가나안으로 떠난 것이 아니다. 창세기 11장 31절을 보면 아브라함의 가족들이 우르에 있었을 때, 아브라함의 부친인 데라는 자손들을 데리고 하란으로 떠났다. 우르에서 그들은 다른 신들을 섬긴 것으로 봐서 상당한 재력과 사회적 위치를 차지했던 것으로 보인다(수 24:2). 그것을 증명이라도 하듯, 아브라함은 가나안에서 수백 명의 사병을 대동해서 다녔다. 그런 아브라함은 하란을 '경유'한 것이 아니라 하란에 '정착'했다.

> "데라가 그 아들 아브람과 하란의 아들인 그의 손자 롯과 그의 며느리 아브람의 아내 사래를 데리고 갈대아인의 우르를 떠나 가나안 땅으로 가고자 하더니 하란에 이르러 거기 거류하였으며(창 11:31)"

창세기 11장 28절에 의하면 데라는 그의 아들 하란이 죽은 후에 떠났다. 그들의 목적지는 하란이었다. 지도를 보면 우르에서 가나안은 정확히 서쪽으로 이동해야 하지만 그곳은 아라비아 사막이 펼쳐져 있다. 아브라함의 가족이 도착한 곳은 가나안이 아니라 하란이다. 하란은 유프라테스 강을 나란히 따라가면 도착하는 곳이다. 데라가 삶의 우선순위로 삼은 것이 무엇이었는지 알 수 있다. 하란에 '눌러앉은' 아브라함이 어떤 계기로 가나안에 갔을까? 사도행전에서 스데반은 이렇게 설교하고 있다.

"스데반이 이르되 여러분 부형들이여 들으소서 우리 조상 아브라함이 하란에 있기 전 메소보다미아에 있을 때에 영광의 하나님이 그에게 보여 이르시되 네 고향과 친척을 떠나 내가 네게 보일 땅으로 가라 하시니 아브라함이 갈대아 사람의 땅을 떠나 하란에 거하다가 그의 아버지가 죽으매 하나님이 그를 거기서 너희 지금 사는 이 땅으로 옮기셨느니라(행 7:2-4)"

사도행전 내용을 종합해 보면, 아브라함은 바로 가나안으로 가지 않았고, 하란에 머물다가 부친 데라가 죽은 후에야 가나안으로 이동한다. 유대 역사가 요세푸스도 이 사실을 증언한다.

"갈대아를 미워하는 데라는 하란의 죽음을 슬퍼한 나머지 식구들을 거느리고 메소포타미아의 하란으로 옮겼다. 그리고 그곳에서 205세의 나이로 세상을 떠났다. (유대고대사 1권 152절)"

이런 기록을 종합해 보면 아브라함의 결단은 상식적으로 알던 결단과 거리가 있어 보인다. 저속한 표현으로 비유하자면 소위 뭉그적거렸다. 우르에서도, 하란에서도 그랬다. 이런 사건을 경험한 아브라함에게 하나님이 나타나 가나안으로 떠나라고 직접 말씀하셨다(창 12:1-3). 직접 계시가 있었고, 이에 아브라함은 가나안 행을 선택했다(창 12:4). '이에'라는 한 단어에 아브라함의 많은 것이 포함되어 있지 않은가.

아브라함의 선택은 쉽지 않은 과정이었지만, 그보다 더 혼란스러웠을 사람들이 보인다. 아브라함 주변에서 우리들처럼 해석, 고민, 판단했던 사람은 누구였을까? 우리가 벤치마킹해야 할 사람들이 보인다. 아브라함 의 아내 사라나 조카 롯이다. 아브라함에게는 '떠나라'라는 명령이 주어 졌지만, 사라나 롯이 이 명령을 전달 받은 것은 간접적이다. 어느 날 아브 라함에게서 '떠나래'라는 말을 들은 것이 전부다. 아브라함의 간접 명령 을 따르기 위해서 이들이 희생해야 할 조건들은 너무 많다. 그들이 있었 던 곳은 세계사에서 인류 최초의 문명이 발생한 메소포타미아였다!

아브라함의 떠나자는 제안은 비현실적이다. 사라와 롯은 왜 아브라함 과 동행하는 선택을 했을까? 가나안에서 롯을 기다리는 것은 굶주림이었 다. 흉년과 기근은 이 당시의 사고방식으로는 신(神)의 무능함을 상징하 는 것이다. 자신들은 하나님의 뜻에 순종했지만 그들에게 나타난 현실은 축복과 번영이 아닌 가난과 고통이다. 그럼에도 불구하고 성경은 다음과 같이 기록하고 있다.

> "전에 하나님께 소망을 두었던 거룩한 부녀들도 이와 같이 자기 남편 에게 순종함으로 자기를 단장하였나니 사라가 아브라함을 주라 칭하 여 순종한 것 같이 너희는 선을 행하고 아무 두려운 일에도 놀라지 아 니하면 그의 딸이 된 것이니라(벤전 3:5-6)"

> "소돔과 고모라 성을 멸망하기로 정하여 재가 되게 하사 후세에 경건 하지 아니할 자들에게 본을 삼으셨으며 무법한 자들의 음란한 행실 로 말미암아 고통 당하는 의로운 롯을 건지셨으니(벤후 2:6-7)"

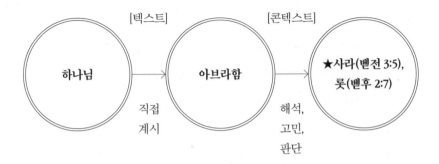

히브리서 저자는 사라에 대해서도 '믿음으로'라는 구절을 사용한다(히 11:11). 사라가 믿음을 갖게 된 배경을 어렴풋하게 접할 수 있다. 베드로전서 3장 5절에 '거룩한 부녀들'을 구체적으로 표현하면 구약 시대 족장들의 아내들로 지칭한다. 그 여인들이 거룩한 부녀들이 될 수 있었던 비결은 사라가 아브라함을 주(主)라고 칭했기 때문이다(벧전 3:6).

고대 사회에서 가부장제에 여성이 종속된 표현일 수도 있겠지만, 사라가 신의 뜻을 접하는 방법을 생각해 본다면, 아브라함 같은 족장들을 통한 방법이었을 것이다. 그런 부녀들은 남편의 입을 통해 전달된 메시지를 듣고 해석, 고민, 판단을 했다. 우르를 떠나는 것도, 문명을 포기하는 것도 그런 과정을 통해 전달받았다.

따라서 아브라함과 동행하는 선택을 하기까지 그녀가 이런 과정을 반복했다는 것을 베드로전서 3장 5-6절은 말한다. 이 사건을 아브라함이 아니라 1인칭 관찰자 시점이 되어서 아무개들과 대화를 나눠 보자.

인문학은 성경을
어떻게 만나는가

벤치마킹을 하면 아브라함보다 사라의
믿음이 더 좋아 보인다. 창세기 11장 27-30
절에서 아브라함의 족보를 소개할 때, 사라
는 임신하지 못했으므로 자식이 없었다고
콕 집어서 말하고 있다(창 11:30). 특히 29-30
절 사이의 접속사를 보자. "…하란은 밀가
의 아버지이며, 또 이스가의 아버지더라.

But[10], 사래(사라)는 임신하지 못하므로 자식이 없었더라…" 29절과 30절
사이의 접속사는 그녀에게 자녀가 없는 상태를 강조한다. 최고의 문명 한
가운데에서 자녀가 없는 상태는 풍요의 여신으로부터 은혜를 입지 못한
여인의 비애다.

우르는 유목 생활을 하는 곳에 비해 여성의 지위가 높았던 곳이었음
을 생각한다면 우르는 사라가 자신의 약점을 보상받기에 최적의 장소였
다. 그러던 어느 날 남편 아브라함이 말을 꺼냈다. "우르를 떠나래." 아브
라함과 사라 사이에 적막감이 감돌았다. 아브라함은 말을 꺼낸 후 특유의
'뻘쭘함'을 견디기 힘들었을 것이다. 사라가 적막을 깨고 입을 열었다. "어
디로?" 아브라함은 말을 더듬으며 말했다. "나도… 글쎄… 잘 모르겠어."
[11] 남편의 얼굴을 빤히 쳐다보며 아내가 말했다. "우르 주변은 사막뿐이

---

10) KJV에서는 'but'이 사용되었고, NIV에서는 'now'가 사용되었다. 순접이든, 역접이든 분명한 것은 접속
사를 통해 사라의 상황을 부각시키고 있는 것은 틀림없다.

마르크 샤갈의 〈이삭의 희생〉, 1960-1966년

야. 어디로 가? 왜 가는 거야? 가서 어떻게 살지 구체적으로 말해 봐. 지금 제정신이야?"

사라의 마음이 충분히 공감된다. 우르를 떠나는 것은 이른바 '문찐'이 되는 것이고, 적어도 가족이라면 자신의 '싫존주의'는 인정해 주기를 바랄 것이다.

샤갈의 그림 〈이삭의 희생〉을 보면 사라의 마음을 엿볼 수 있다. 이 그림은 아브라함이 이삭을 바쳐야 하는 상황이다. 성경은 이삭을 바칠 때 사라에 대해서는 침묵한다. 우르를 떠날 때에도 사라는 언급이 없다. 이 삭을 바치고, 우르를 떠날 때의 사라는 이런 모습이 아니었을까? 아내가 '왜?'라고 질문을 던질 때 남자는 어떤 대답을 해야 할까? 남자는 가계를 책임지고, 생계에 따르는 고통을 견뎌 내는 슈퍼맨이지만 아내의 잔소리 앞에서는 유리 멘탈이 된다. 결국 우르에서, 하란에서 지체한 시간은 가족과의 타협의 시간이었다.

이삭을 제물로 바치는 사건에서 사라의 시선을 간과한다면 정확한 이해가 불가한 것처럼 가나안으로 향하는 아브라함의 여정에 대해 아무개의 시선을 배제하는 것도 반쪽짜리 이해다. 결국 아브라함은 가나안으로 향했다.

"아브람(아브라함)이 그의 아내 사래(사라)와 조카 롯과 하란에서 모은

---

11) 히브리서 11장 8절은 아브라함의 마음을 잘 표현하는 구절이다. 아브라함은 '갈 바를 알지 못하고 나아 갔다.'

모든 소유와 얻은 사람들을 이끌고 가나안 땅으로 가려고 떠나서 마침내 가나안 땅에 들어갔더라(창 12:5)"

지금까지 아브라함 위주로 본문을 봤다면 '가나안 땅에 들어갔더라'라는 구절이 눈에 들어왔을지도 모른다. 반면, 사라와 롯의 관점에서 본다면 어떤 부분이 눈에 들어오는가? '하란에서 모은 소유와 사람들', 그리고 '마침내'에 무게가 실린다. 이 구문은 어떤 느낌인가? 가나안 땅에 도착한 직후에 그들은 기근을 경험했다. 순종의 결과가 기근이라는 현실이 마음을 먹먹하게 한다. 우리의 현실에서도 직면하는 상황이기 때문이다. 결단을 하고 순종하지만 기근 같은 상황들을 겪을 때, 선택의 옳고 그름 자체를 회의하기 때문이다. 이런 기가 막힌 상황들 속에서 아브라함의 입으로부터 나온 말을 들으며 사라는 해석과 고민을 거듭해야 했다. 요세푸스의 기록을 통해 사라의 선택을 재구성해 볼 수 있다.

"아브람(아브라함)은 세상에는 오직 한 분이신 창조주 하나님이 존재하며, 다른 신들이 인간의 행복에 기여하는 것이 있다면 그들이 무슨 능력이 있어서가 아니라 단지 하나님이 그렇게 정하셨기 때문이라는 관념을 나타내려고 시도한 첫 인물이다. (중략) 따라서 우리는 오직 그 분에게만 감사와 영광을 돌려야 한다. 아브람의 이 주장에 대해서 갈대아인들과 메소포타미아의 다른 민족들이 강력한 반대를 제기하자 아브람은 그곳을 떠나는 것이 좋겠다고 생각했다. 결국 그는 하나님의 명령에 의해 가나안 땅에 들어오게 되었고, 하나님의 도움을 받으면서 그곳에서 살게 되었다. (유대고대사 1권 155, 157절)"

인문학은 성경을
어떻게 만나는가

사라의 상황을 정리해 보자. 메소포타미아 문명은 생존과 삶의 질에 있어서 대체 불가능한 공간이다. 그곳을 떠나 가나안에서 겪은 환경은 하나님의 뜻인지 의심스러웠고, 결과는 무모해 보였다. 가나안 행을 선택한 이유를 꼽는다면 창조주가 유일한 신이라는 확신, 그것이 삶의 우선순위였고, 가나안으로 발걸음을 내딛게 된 이유로 보인다. 사라의 선택은 우리에게 큰 자극을 준다. 어떤 가치를 두고 선택해야 할지 사라가 우리에게 말하고 있기 때문이다. 이것은 결혼, 직장, 자녀교육에서도 기준이 되는 근거다. 왜 그래야 하는지 조카 롯을 통해 부연 설명을 해 준다.

조카 롯은 성경에 '의인(義人)'으로 기록되었다. 롯도 사라와 같은 경험을 했다. 우르를 떠나 가나안에 정착하는 동안 아브라함과 롯의 목자들은 갈등을 겪었고, 공존이 불가능하다고 판단되어 아브라함과 롯은 결별한다. 롯은 이런 선택을 한다.

> "이에 롯이 눈을 들어 요단 지역을 바라본즉 소알까지 온 땅에 물이 넉넉하니 여호와께서 소돔과 고모라를 멸하시기 전이었으므로 여호와의 동산 같고 애굽 땅과 같았더라(창 13:10)"

우르에서 시작된 여정을 생각한다면 롯이 가장 원했던 것은 '안정'이다. 이사를 많이 다닌 사람들이라면 한번 이삿짐을 싸고, 푸는 과정이 얼마나 지치는지 안다. 롯이 우르에서부터 이집트를 거쳐 가나안으로 다시 왔다면 그의 기도제목은 안정과 정착이었을 것이다. 위의 창세기 기록은 롯의 속마음을 대변하고 있다. 롯의 눈에 소돔은 물이 넉넉했고, 여호와의 동산처럼 보일 만큼 풍요롭다고 기록한다.

대영박물관 59관에는 소돔에서 출토된 유물이 전시되어 있다. 소돔의 성벽 두께는 무려 7미터가 될 정도로 견고했고, 소돔에서 출토된 유물들로 그곳이 상당한 수준의 문명을 꽃피운 곳임을 알 수 있다. 그러니 롯은 그곳에서 얼마나 정착하고 싶었을까?

창세기 18장과 19장 사이에 아브라함과 롯을 연결하는 매개체가 등장한다. 정체불명의 사람들이 찾아온 것이다. 천사였던 그들은 소돔의 멸망을 경고하기 위해 파견되었지만 아브라함과 롯의 눈에는 평범하고 남루한 나그네였다. 아브라함은 소돔을 멸망시키지 말아 달라고 간청했고, 소돔 성에 의인이 있다면 멸망시키지 않겠다고 했는데, 아브라함은 소돔에 의인 열 명은 있었으리라 생각했던 것 같다.[12]

아브라함은 소돔 밖에, 롯은 소돔 안에 살고 있었지만 창세기에서는 이들이 나그네들을 어떻게 맞이했는지 보여 준다.

"눈을 들어 본즉, 사람 셋이 맞은편에 서 있는지라 그가 그들을 보자 곧 장막 문에서 달려나가 영접하여 몸을 땅에 굽혀(창 18:2)"

"저녁 때에 그 두 천사가 소돔에 이르니 마침 롯이 소돔 성문에 앉아 있다가 그들을 보고 일어나 영접하고 땅에 엎드려 절하며(창 19:1)"

---

12) 요세푸스, 〈유대고대사〉 1권 200절. 의인 열 명에서 아브라함의 협상이 멈춘 이유는 아마 수십만이 거주하는 곳에서 의인 열 명 '정도'는 있으리라 생각했던 것 같다. 〈유대고대사〉 1권 194절을 보면 소돔 사람들이 '하나님께 받은 은혜를 망각했다'라고 나오는데, 소돔 사람들은 불신자가 아니라 하나님의 백성들이었으나 점점 은혜를 망각해 가던 사람들로 봐야 할 것이다. 그렇다면 소돔성에 의인 열 명 정도는 있으리라고 생각했던 아브라함의 생각은 납득이 간다.

인문학은 성경을
어떻게 만나는가

창세기 18장과 19장에서 아브라함과 롯이 나그네들을 대했던 태도를 볼 수 있다. 고대 아테네의 민주주의는 우리가 생각하는 민주주의가 아니다. 평민 남자들 사이에서만 제한된 평등이었다. 노예, 여성, 어린이, 나그네 등은 평등의 대상이 아니다. 고대 유목 사회에서 나그네와 같은 거류외인들은 자신의 안전을 위해 살해해도 무방한 이들이었다. 그들은 정체성을 알 수 없고, 어떤 위험이 있을지 모를 사람들이었던 것이다.

고대 시대의 '나그네'란, 기존 사회에서 수탈당해 떠돌아다니는 철저한 사회적 약자들이다. 나그네들의 생계 수단은 불확실했고, 스스로를 보호할 수 있는 능력은 불충분했다. 상당한 재산을 보유한 아브라함과 롯이라는 것을 감안했을 때, 나그네들에게 절하며 영접할 이유는 없다. 왜 그들은 엎드려 절했을까?

> "롯은 관대하고 손님 접대를 잘 하는 사람이었으며, 아브라함의 본을 따르려고 애쓰는 자였다. (유대고대사 1권 200절)"

이것이 유대 문헌이 기억하는 의인 롯의 면모다. 롯의 행동은 아브라함으로부터 왔다. 그들은 나그네들을 환대하고 사회적 약자들을 섬기는 태도를 가졌다. 나그네들이 소돔 사람들에 의해 위험에 처해지자 롯은 자신의 딸들을 내어 줄 테니 그들을 보호해 주기를 간청했다(창 19:8). 자신의 피붙이들을 희생해서라도 사회적 약자들을 지켜 내려는 것이 롯의 태도였다. 한국 교회가 이런 선택의 기준을 우선순위로 삼는다면 우리 사회는 어떻게 달라질지 짐작하고도 남는다. '선한 영향력'이란 고지(高地)를 점령해야 발생하는 것이 아니라 다르게 설정된 태도에서 나온다.

너 자신을 위해서

마침내 소돔이 멸망했다. 선택의 기로에 선 우리에게 중요한 기준을
제시한다.

> "그러나 롯이 지체하매 그 사람들이 롯의 손과 그 아내의 손과 두 딸
> 의 손을 잡아 인도하여 성 밖에 두니 여호와께서 그에게 자비를 더하
> 심이었더라(창 19:16)."

나그네들은 임박한 멸망을 경고하며 속히 소돔을 빠져나가라고 한다.
그럼에도 불구하고 롯은 머뭇거린다. 이것이 우리와 다를 바 없는 의인
롯의 갈등이다. 여호와의 동산처럼 보였고, 그곳에 정착했던 롯이 또 떠
나야 하는 순간에서 머뭇거리는 그의 마음을 짐작할 수 있다.

그런데, 이 구절에서 흥미로운 부분이 발견된다. 정착지에서 떠난 상
황을 '여호와께서 자비를 더하심이었더라'라고 기록하고 있는 부분이다.
자비를 베푸신 '결과'는 소돔에서 호의호식하고, 정착하려는 기도제목의
성취가 아니었다! 오히려 그들의 손을 잡아서 억지로 끌어내신 것이 하
나님의 뜻이었다. 롯의 기도제목과는 반대의 상황이 나타났다. 일반적으
로 손에 움켜쥔 것이 있어서 내일을 예측할 수 있는 것이 하나님의 축복
으로 보일 텐데, 아벨과 셋의 후손들에게 축복은 다른 의미였다. 오히려
소돔을 벗어나는 것이 '축복'이었다. 진정한 가치가 위협을 받는다면 '여
호와의 동산처럼' 풍족한 곳이라도 떠나는 것이 축복이며 그것이 선택의
기준이다.

롯의 콘텍스트를 엿볼 수 있는 그림은 종교개혁 화가였던 알브레히트 뒤러가 그린 1948년작(作), 〈딸들과 함께 소돔을 탈출하는 롯〉이다. 〈기도하는 손〉으로 알려진 뒤러는 우리에게도 선택의 본질을 고민하도록 한다.

그림의 오른편 뒷부분으로 불타는 두 도시가 보인다. 하나는 소돔이고 다른 하나는 고모라다. 왼편 뒷부분에는 뒤쳐진 롯의 아내가 작게 보인다. 소금 기둥이 아니다. 자세히 보면 눈동자가 보이는데 멀리 불타고 있는 소돔 땅에 그녀의 시선이 고정되어 있다. 이 장면은 정착과 번영이라는 가치에 얼마나 집착했는지를 보여 준다.

가운데 도망치는 세 사람은 롯과 두 딸이다. 이 그림을 통해 뒤러가 독일 사회에 던지는 메시지는 선명하다. 세 인물이 입고 있는 옷은 당시 독일 사회에서 유행하던 옷이다. 뒤러가 21세기에 살았다면 분명히 두 여인은 지금 한국에서 유행하는 브랜드의 옷을 입었을 것이다. 이때까지만 하더라도 서구 사회는 중동에 뒤쳐지던 시기였다. 롯은 터키산 최고급 터번과 모피코트를 입고 있다. 코트 옆 자락으로 하의와 신발을 드러내면서 그가 수입 유명 브랜드로 치장했음을 나타낸다. 값비싼 옷, 버클 달린 신발은 최고급 명품이다. 왼손에는 귀족들만 먹을 수 있다는 달걀이, 어깨에는 술을 매고 있다. 이 술로 인해 두 딸과 동침했을 것을 암시한다. 롯으로부터 그가 소돔에서 '지체'했던 이유를 짐작할 수 있다.

이제 두 딸들을 보자. 둘은 뉘른베르크에서 유행하던 옷감으로 만들어진 옷을 입고 있다. 왼편 여성을 보면 짙은 청색의 속치마를 보여 주려는 듯 다홍색 겉치마를 살짝 들고 있다. 머리에는 피신하기 위해 챙긴 보따리가 있다. 손 모양으로 보면 이 여인은 도망가기 위한 모습이 아니다.

오히려 치마가 구겨질까 봐 조심스러운 자세를 엿볼 수 있다. 청소년들에게서 흔히 볼 수 있는 모습이다. 한번 머리를 세팅하면 아무리 졸려도 절대 머리를 대고 자지 않는다. 머리가 망가지기 때문이다. 문제는 아무리 머리를 세팅해도 다음 날이면 다시 해야 한다. 어른들이 보기에 청소년들이 머리에 집착하는 것은 우습다. 어쩌면 우리의 모습이 이렇지 않을까? 이 여인에게서도 그것을 느낄 수 있다. 멸망한 도시에서 빠져나가는데 치마가 구겨질까 봐 사뿐히 치마를 붙잡고 있다니!

오른편 여성은 한 걸음 더 나아간다. 왼손에 옷감을 짜기 위한 실패와 실뭉치를 들고 있다. 광야에서 옷을 만들어 입을 모양이다. 오른손에는 보석상자를 들고 있다. 광야에서 저 보석함은 허기진 배를 달래 주고, 침입자들의 위험을 막아 주고, 들짐승들의 습격으로부터 보호해 줄 것이다! 아니면 저 보석함은 홈쇼핑할 때 필요할까? 그렇지 않고서야 저렇게 애지중지 들고 다닐 수는 없다. 그녀의 옷 안쪽에는 열쇠 세 개가 달려 있다. 집 열쇠, 사무실 열쇠, 자동차 열쇠다. 사막 한 가운데에 있을 때, 자동차 열쇠는 자신들을 위험에서 지켜 주는 큰 힘이 될 것이다! 이들은 멸망하는 도시에서 나오고 있다. 열쇠, 실뭉치, 모피코트, 명품 구두, 속치마, 달걀 바구니는 롯의 가족들이 집착하던 것이다.

이들에게 진정한 축복이란 무엇일까? 왜 소돔 같은 환경이라면 벗어나야 할까? 콘텍스트에서 판단 기준으로 삼아야 할 텍스트는 이것이다.

> "착한 롯은 그들 사이에서 살면서 날마다 그들의 무도한 행실을 보고 듣게 되어 착한 마음에 큰 괴로움을 당했던 것입니다. (벧후 2:8, 공동번역)"

정리해 보자. 아브라함이 우르를 떠나 가나안에서 머문 시간은 그들의 가치를 바꾸어 놓았다. 우르에서 사라와 롯은 우리와 조금도 다르지 않다. 그들의 본성은 가나안에서도 크게 달라지지 않았다. 그런 시간을 거치면서도 아무개들은 내일을 알 수 없었고, 목적지도 몰랐다(히 11:8). 하루하루 불확실함을 헤쳐 나가는 것이 일상이었지만 성경은 롯을 의인으로 기록하고, 아브라함의 가족을 '믿음에 의해서'라는 구절로 평가한다.

창세기 12장 1절을 다시 들여다보자. 번역의 과정에서 무엇이 누락됐을까?

> "야훼께서 명령하셨다. '너 자신을 위해서' 네 고향, 즉 네 친척, 네 아버지의 집을 떠나, 내가 네게 보여 줄 땅으로 가라(창 12:1, 히브리어 원본). "[13]

히브리어 원문에 있는 '너 자신을 위해서'라는 부분이 누락되었다. 이 단어는 결코 누락해도 될 만큼 가볍지 않다. 지금까지 아브라함과 함께 했던 아무개들을 살펴보며, 우르를 떠나는 것은 하나님을 위한 것인가, 아니면 아무개들 자신을 위한 것인가? 그 물음에 우리가 대답할 차례다. 선택의 기로에 있는 당신에게 아브라함 주변의 아무개들이 적절한 지침을 줄 수 있기를 바란다.

어떤 사람들은 교회를 떠나야 할지 고민하는 경우도 많다. 우르라면

---

13) 배철현, 『창세기, 샤갈이 그림으로 말하다』(코바나컨텐츠, 2011), 68. 책에서 창세기 12장 1절을 번역한 부분을 옮김.

떠나야 하고, 가나안이라면 머물러야 한다. 즉, 오랜 시간 정이 들어서 소위 내 '지분'이 남아 있지만 야훼의 흔적을 전혀 찾을 수 없는 공간이라면 떠나는 것이 용기다. 반대로, 인간 사이의 갈등이나 다툼이 있는 공간이라면 그곳은 우르가 아니라 가나안이다. 견디는 인내가 필요하다. 절대로 완벽한 공간은 없다. 사람들이 있는 곳에 갈등은 있게 마련이다.

토론을 위한 질문

1. 당장에는 아쉬워 보였지만 시간이 지난 후에 그 결정이 '나를 위한 것'이었다고 확신이 들었던 것은 무엇인가?
2. 그 당시에 집착했지만, 내 뜻대로 되었다면 큰일날 뻔했던 기억은 무엇인가?

신(神)은 왜
형상을 가졌는가?

출애굽 사건이나 홍해를 건넌 사건, 광야를 헤매던 사건들은 구약 성경을 경전으로 삼는 유대교나 기독교도에게는 중요한 영적 기준이 된다. 그런 사건들은 과거에 일어났다가 소멸된 단회적인 사건은 아닐 것이다. 생각해 봤는가? 광야의 이스라엘 백성들은 혈통만 이스라엘이었을 뿐, 생각과 문화, 습관 모든 것이 뼛속 깊이 이집트 문명에 사로잡힌 사람들이었다는 것을. 왜 그들은 신의 형상을 만들려고 했고, 하나님은 십계명의 첫 계명으로 그것을 막으려고 했을까?

신(神)은 왜 형상을 가졌는가?

구약 성경에는 이스라엘 백성들의 우상 숭배 장면이 반복된다. 부모 세대가 그렇게 혹독하게 하나님의 징계를 받았음에도 불구하고 다음 세대는 그것을 답습한다. 이스라엘 백성들은 구제불능이고, 고집불통이며, 뇌가 없는 종족들일까? 우리가 그 시대에 태어났다면 그들과는 확연히 다르게 행동할까? 이집트 문명은 우리 마음속에 우리가 원하는 신(神)의 형체를 볼 수 있게 해 준다. 내가 믿는 신의 실체는 어떨까?

마틴 버널(Martin Bernal)이 쓴『블랙 아테나(Black Athena)』는 역사적 통념을 깬 역작으로, 그리스 문명의 기원이 아프리카와 페니키아에 있다고 주장한다. 이는 서구중심주의 정설에 대한 비판에 불을 지폈고, 다양한 찬반 논쟁을 불러 일으켰다. 아테나 여신은 '지혜의 여신'이고, 로마 신화에서는 '미네르바'가 된다. 그리스 문명은 서구 사회의 뿌리다. 그런 까닭에 신들은 금발이고, 백인이어야 했다. 기독교 역시 이런 영향을 받았으므로, 예수가 셈족이라고 하면서도 영화에는 백인들이 캐스팅된다. 마틴 버널이 주장하는 요점은 제목에서도 드러나는 것처럼 그리스의 주신(主神) 아테나 여신은 흑인이라는 내용으로 서구의 통념에 도전한 책이라고 평가받는다. 그리스 문화가 메소포타미아로부터 이집트를 거쳐 전파되었으므로 '블랙 아테나'라는 제목이 붙었다. 실제로 역사가들에 의한 꾸준한 연구로 성경 속 창세기 내용과 메소포타미아 지역의 신화들 사이의 상당한 유사성이 발견되고 있다. 이것은 문명은 단절되거나 고립된 것이 아니라는 사실을 일깨운다. 고대 문명 역시 고립된 것이 아니라 연결되어 다른 문명에 영향을 준다.

앞 장에서도 언급했듯이 인류 최초의 문명은 수메르인들에 의해 시작되었고, 그들은 메소포타미아 문명으로 꽃을 피운 후 힉소스인들에 의해 이집트로 옮겨 갔다. 물론 이집트는 그 이전에도 고왕국을 이루면서 문명을 형성했지만 힉소스인들에 의해 왕조의 부침(浮沈)을 겪으면서 우리가 아는 이집트 문명으로 발전했다.

이런 역사적 사실은 성경을 볼 때 통찰을 준다. 고대 문명이 연결되었다면 메소포타미아와 이집트 문명 사이에 위치한 팔레스타인도 여기서 벗어날 수 없다. 신들에 대한 명칭이 달랐을 뿐, 자연신에 대한 인식은 유사하다는 말이다. 그리스 신화에서 태양신을 숭배하는 관념은 이집트에서도 유사하고, '바알'로 알려진 가나안 신화를 이해하는 열쇠가 된다.

이 사실은 우리를 편견에서 벗어나게 해 준다. 그리스 로마 신화는 교양인데 바알은 무지의 산물인가? 그리스 신화에서 비롯된 별자리 이야기는 흥미롭지만 다니엘과 공존했던 바벨론 술사들이나 동방박사들은 '무당' 정도로 이해할 수 있을까? 세계관의 혁명을 가져온 코페르니쿠스는 선각자로 추앙하면서도 그 이전까지의 세계관을 지탱한 프톨레마이오스의 우주관은 미개한가? 종교개혁자들도 코페르니쿠스의 주장을 받아들이기 어려워서 프톨레마이오스 우주관을 가졌다는 것을 알고 있는가? 우리에게 이런 편견은 없을까? 어쩌면 영웅에게만 시선을 쏟기 때문에 발생하는 편견들 말이다.

이스라엘 백성들이 이집트를 벗어나서 광야에 머물던 40년은 성경에서 큰 비중을 차지한다. 출애굽 사건은 이스라엘 역사의 전환점이며, 이 시기는 신약 시대는 물론 현재까지 문화적 영향을 주기 때문이다. 그 시기에 '유월절'이 시작되었고, 이스라엘 민족의 정체성이 형성되었다.

광야에는 모세만 존재하지 않았다. 그와 함께 한 이스라엘 백성들은 혈통만 이스라엘 사람들일 뿐, 뼛속 깊이 이집트인들이었다. 모세를 따라 출애굽을 했던 사람들은 어림잡아도 200만 명 이상이었다. 요셉이 이집트에 정착한 지 400여 년간 후손들은 빠르게 번성했으나 빠르게 정체성을 잃었다. 혈통만 이스라엘 사람들이다. 모세는 40년간 파라오의 교육을 받으며 이집트 사상에 물들었고, 200만 명의 사람들도 그랬다. 그들에게 아브라함과 이삭과 야곱의 하나님은 피부에 와 닿는 것이 아니다.

이것을 염두에 둔다면 광야의 이스라엘 사람들이 신(神)들에 대한 관념이 어땠을지 추론할 수 있다. 우선 이집트 신들은 만물을 주관했다. 태양은 최고의 신이었고, 이집트는 나일 강의 선물이라는 말이 있을 정도로 나일 강의 신은 생명의 근원이다. 땅의 풍요를 담당하는 대지의 신과 하

〈사자의 서〉

늘의 신, 가축의 신도 있었다. 눈치를 챘는가? 모세가 파라오 앞에서 행했던 열 가지 재앙이 이와 관련이 있다. 모세가 내린 재앙은 이집트의 신들을 굴복시키고, '야훼'라는 신이 더 강하다는 연설이다.

이집트의 또 다른 특징이 있다면 이집트 신들은 '형상'을 가지고 있었다. 그래서 이집트의 예술이 발달할 수 있었고, 그런 신들을 만나는 장소가 신전(神殿)이다. 이런 사람들에게 '성막'을 만들라는 명령은 그 시대를 더 구체적으로 이해하게 된다. 이런 배경지식은 출애굽 이후 이스라엘 사람들에게 한걸음 더 다가가게 된다. 당시 사람들의 신에 대한 이해를 극복하려는 노력은 십계명의 1-2계명에서부터 엿볼 수 있다. 야훼가 이집트 종교로부터 얼마나 구별되려고 했는지, 하나님이 얼마나 인간과 대면하고 싶어 하는지를 가늠할 수 있는 대목이다.

광야의 이스라엘 사람들을 이해하기 위한 원 포인트 내용으로 한 번쯤은 책에서 봤을 법한 〈사자(死者)의 서(書)〉를 살펴보자.

이 그림은 이집트인들의 사후 세계에 대한 인식을 나타낸다. 맨 왼쪽에 흰 옷을 입은 사람이 자칼 모양의 머리를 한 신의 손을 잡고 사후 세계로 들어온다. 이 신은 바로 저승의 신인 아누비스(Anubis)다. 자신의 행위를 저울 앞에서 달아 본다. 저울 중앙에 아누비스와 악어 머리를 한 신이 있고, 그 다음에는 또 다른 동물 머리를 한 두 신들을 지나 마침내 하계에 있는 오시리스(Osiris)에게로 안내된다. 한 인간의 사후 과정을 묘사했다.

〈사자의 서〉는 이집트인들의 보편적 인식을 반영한다. 위에서 언급한 대로 이집트 사람들은 형상을 가진 신들을 섬겼다. 이 그림에서 보이는 특징이 있다면 여러 신들은 다양한 동물로 표현된다. 태양신은 매, 저승의 신은 자칼, 의술의 신은 뱀, 수호신은 고양이 등으로 형상화하여 숭배

된다. 마치 인도에서 소(牛)를 거룩하게 여기는 것과 마찬가지다. 이 〈사자의 서〉는 광야의 아무개들과 공감하는 창문이 된다. 어떻게 공감하게 만들지 살펴보자.

벤치마킹하기 광야 길

종종 '발암물질'이라는 표현을 쓴다. 식품과 관련해서 암(癌)을 유발하는 성분을 가리키는 것이 사전적 용어지만, 영화에서 관객들에게 짜증을 유발시키는 배우를 가리킬 때도 사용한다. 생활 속에서 짜증을 유발하는 '발암물질'도 있다. 구약 성경을 읽으면 발암물질들을 쉽게 접한다. 바로 반복적으로 죄를 범하는 이스라엘 백성들이다. 우상 숭배를 해서 신의 징계를 받고도 돌아서면 망각하고 또 다시 우상 숭배를 반복한다. 도대체 그들에게 뇌가 있는지 의심스럽다. 홍해가 갈라지는 것을 보았고, 하늘에서 만나가 내리는 것을 봤던 사람들인데, 반복해서 우상 숭배를 한다. 이 정도면 발암물질이 맞다.

이스라엘 백성들을 보며 암에 걸릴 것 같은 기분이 든다면 그 이유는 단 하나다. 실제로 그들이 발암물질이기 때문이 아니라 3인칭 관찰자 시점으로 그들을 보기 때문이다. 이집트 태생의 이스라엘 사람들과 광야에서 대화를 나눠 보자. 그들은 200만의 숫자가 아니라 감정과 삶의 애환을 가진 사람들이다. 우리가 주목해야 하는 대상은 모세가 아니라 이스라엘

인문학은 성경을
어떻게 만나는가

백성들이다. 모세는 선택의 순간마다 하나님이 직접 말씀하셨다. 광야의 그들은 어땠을까?

이스라엘 백성들은 태어나면서부터 당대 최고의 국가 이집트에서 풍요를 누렸고, 찬란한 문명을 경험했다. 그들은 이집트 가치관을 가졌다. 가치관은 취사선택해서 세상을 바라보는 것이 아니라 자신도 모르게 동화된 또 다른 내 모습이다. 나일 강의 범람을 통해 정기적으로 풍요로움을 맛보았고, 그것을 토대로 이집트 점성술사들과 수학자들은 미래를 예측했다. 그들에게는 불확실한 미래가 있을 수 없었다. 그런 사람들이 광야에서 있다는 것은 내일을 알 수 없는 현실에 직면한 것이다. 그들의 신은 보이지도 않았고, 형상을 금지했다. 오감으로 경험되지 않으니 신에 대한 회의가 생기기 시작했다.

> "이스라엘 자손이 그들에게 이르되 우리가 애굽 땅에서 고기 가마 곁에 앉아 있던 때와 떡을 배불리 먹던 때에 여호와의 손에 죽었더라면 좋았을 것을 너희가 이 광야로 우리를 인도해 내어 이 온 회중이 주려

죽게 하는도다(출 16:3)"

이 구절은 홍해의 기적을 이미 경험했던 이스라엘 백성들이 광야에서 했던 말이다. '고기 가마'는 이집트의 풍요로움을 상징하는 말이다. 어느 날 모세가 나타났고, 이집트를 떠나자는 명령을 했다. 그들은 왜 떠나야 했고, 여호와는 누구였을까? 왜 위대한 이집트의 신들이 여호와 앞에서 무기력하게 몰락했는가?

> "네가 마음속으로 이르기를 그 말이 여호와께서 이르신 말씀인지 우리가 어떻게 알리요 하리라(신 18:21)"

이 구절은 광야에 내몰린 이스라엘 사람들의 속마음을 표현한다. 신의 이름을 빙자해서 말하는 거짓 선지자들이 있었기에 모세가 하나님의 명령을 전했을 때 그것이 정말 하나님의 말씀인지 고민했던 것은 당연하다. 모세가 이집트를 떠나라고 하는데, 믿어야 할지 말아야 할지 모르겠다. 하나님은 사사건건 모세를 통해 이스라엘 백성들에게 지침을 내렸고, 사람들은 모세의 입으로 전해진 내용들을 듣고 그것을 해석했고, 고민한 후에 판단을 했다. 이스라엘 백성들과 야훼의 소통 방식을 재구성해 보자. 다음의 레위기 8장 몇 구절을 보면서 밑줄 친 부분을 염두에 두며 상상해 보자.

> 1절 <u>여호와께서 모세에게 말씀하여</u> 이르시되
> 4절 모세가 여호와께서 자기에게 <u>명령하신 대로</u> 하매 회중이 회막 문

에 모인지라

5절 모세가 회중에게 이르되 <u>여호와께서 행하라고 명령하신</u> 것이 이러하니라 하고

9절 그의 머리에 관을 씌우고 그 관 위 전면에 금 패를 붙이니 곧 거룩한 관이라 <u>여호와께서 모세에게 명령하신 것과 같았더라</u>

구체적으로 어떤 방식으로 하나님과 소통했는지 상상이 된다. 모세의 입을 통해 하나님은 지침을 전달했다. 모세는 인공지능로봇이 아니다. 모세와 백성들 간에 신의 지침 외에 사적인 대화도 있었을 것이다. 이스라엘 백성들이 느꼈을 혼란이 느껴진다. 하나님은 단 한 번도 그들에게 직접 말하지 않았다. 사람들은 모세가 했던 말을 통해 판단을 해야 했다. 모세와 함께 했던 아무개들이 이집트 문명을 버리고, 광야로 가려는 결심의 계기는 무엇인가? 야훼가 그들에게 주려고 하는 것은 풍요로움인가? 예측 가능한 미래인가? 그렇다면 출애굽은 오히려 재앙이다. 당신은 광야로 걸어가는 아무개들에게 어떤 가치를 부여하고 싶은가?

공감하기 우상 숭배의 내면

광야에 있던 아무개들에게 집중하면 그들은 우리에게 눈물과 감정과 삶의 애환으로 말을 건넨다. 그들은 대략 200만 명이다. 광야라는 공간을 구체적으로 상상해 보자. 그곳에 있는 것은 무엇이고 없는 것은 무엇인가? 화장실, 비데는 물론 휴지도 없었다. KF94 마스크도, 선크림도 없었

다. 스타벅스가 있는 스세권도, 편세권도, 맥세권도 아니다. 맨땅에서 먹을 것, 마실 것을 구해야 하는 상황이다. 광야의 노마드 삶에서 목가적이고 낭만적인 상상은 지워야 한다. 반경 10미터 내에는 사람들의 땀 냄새, 암내와 악취가 진동할 것이다. 장담컨대 자발적으로

사회적 거리두기를 실천했을 게다. 이집트에서는 예측이 가능한 공간이지만 광야는 모든 것이 불확실하다.

출애굽기 31장 18절부터 32장 8절의 내용을 살펴보자. 이 부분은 모세가 십계명을 받기 위해 야훼를 대면하러 올라갔던 40일간의 시간이다. 모세 한 명이 잠수 탔다는 정도의 사건이 아니다. 앞서 살펴본 레위기 8장의 단락을 기억하는가? 하나님은 모세를 통해 백성들에게 지침을 내렸다. 따라서 모세의 부재(不在)는 곧 하나님의 침묵이나 다름없다. 40일간 이스라엘 백성들이 외쳐야 했던 것은 '여긴 어디, 나는 누구?'라는 물음이다. 하나님과 소통이 안 된다는 불안감이 얼마나 컸겠는가? 해서 그들은 '우리를 인도할 신'을 간절히 구했다(1절). 그들이 구체화시켰던 '신'은 무엇인가? 그들의 불안감을 해결해 주는 신이란 어떤 존재여야 하는가?

그들은 온몸에 붙은 금을 모았고(2-3절), 결국 송아지를 만들었다(4절). 엄밀히 말해서 그들은 야훼를 배신하고 금송아지를 만들지 않았다. 반대로, 금송아지가 '이집트에서 인도한 하나님'이라고 믿었다. 그래서 그들은 번제를 드리면서 기쁘게 뛰었다(6절). 자신들의 제의(祭儀)가 지극히 정상적이라고 믿었기 때문이다.

인문학은 성경을 어떻게 만나는가

그런 행동은 이집트 가치관을 반영하는 것이며, 앞에서 언급한 〈사자의 서〉만 보더라도 이집트 신들은 수많은 동물의 형상으로 표현될 수 있었다. 그런 형상들 중 이스라엘 사람들은 금송아지를 선택했다. 송아지를 만든 행위는 그들이 하나님을 어떤 방식으로 이해하는지 엿볼 수 있다. 그들이 신의 형상을 만들 수 있는 옵션은 다양했을 것이다. 하나님을 경외했다면 태양신이 형상화된 '호루스'를 선택해서 독수리나 매의 형상을 만들었을 것이다. 죽음 이후의 내세가 그들의 주된 관심사였다면 자칼 형상의 '아누비스'를 만들 수도 있었다. 그들은 금으로 '아피스' 형상을 만들었다. 그들은 어떤 생각을 했을까?

당시 콘텍스트를 살아가던 사람들이라면 이스라엘 사람들의 내면에 있던 하나님은 어떤 존재였는지 사회적 통념으로 이해했다. 그들에게 하나님은 이집트에서와 같이 광야에서도 풍요와 번영, 생계를 책임져 주고 예측을 가능하게 하는 신이기를 바랐던 것이다. 현대인들의 마음속에도 아피스가 자리 잡고 있지 않을까. 그렇다면 반복해서 우상 숭배를 하는 이스라엘 백성은 발암물질이 아니라 우리의 내면이다.

『강아지 똥』의 작가인 고(故) 권정생 선생은 현대의 기독교인들을 경고했다. 독실한 개신교 신자였고, 베스트셀러 작가였지만 평생 두 평 남짓한 허름한 집에서 교회의 종지기라는 신분으로 살았다. 남은 전 재산은 빈곤과 고통으로 죽어 가는 사람들을 위해 바쳤다. 가장 낮은 곳에서 그리스도의 향기를 드러내는 모습을 '강아지 똥'으로 묘사했지만, 물질을 우상으로 삼는 현대의 신자들을 향해 남긴 『빌뱅이 언덕』이라는 그의 산문집은 많은 것을 생각하게 한다.

"나는 예수를 믿는 사람이다. 그러나 예수를 사랑하지는 못했다. 내가 필요할 때면 불렀다가 필요 없으면 잊어버린다. 그를 믿으면 병을 고칠 수 있기 때문에, 그를 믿으면 멸망하지 않고 영생을 얻기 때문에 필요했지 사랑한 건 아니었다. (p.47)"

"예수가 마지막 만찬을 차린 곳은 호화로운 어느 성전 예배실이 아니다. 거기서 먹은 음식은 일류 요리사가 만든 호화 음식이 아니다. 가난한 마가의 비좁은 다락방에서 역시 가난한 사람들이 먹던 보리떡과 포도주 한 잔이었다. 예수는 태어날 때부터 죽을 때까지 이렇게 눈물겹도록 힘겹게 살았다. 눈먼 거지의 빛이 되고 절름발이와 앉은뱅이와 난쟁이의 친구가 되었다. 세리와 창녀와 간질병 환자와 귀신 들린 자와 남편에게 버림받고 이웃에게 따돌림받은 이들의 따뜻한 친구가 된 예수, 그가 우리의 구세주인 것이다. (p.167)"

"보통 예수 믿으면 3년 안으로 부자 된다는데, 저는 20년 믿어도 아직 가난하기 때문에 화가 난 건지도 모릅니다. 건강 축복, 물질 축복, 가정 축복, 장수 축복, 만사형통 한다는데, 저는 한 가지도 얻지 못했으니 정말 저주받은 자식인가 봅니다. (p.285)"

인문학으로 성경 읽기 **시내 산의 돌판**

광야에서 아피스를 만들던 아무개들이나 21세기를 살아가는 우리들이나 미래가 두려운 것은 마찬가지다. 광야라고 해서 생계의 문제가 사소하지도 않았고, 현대인들이라고 해서 더 절박한 것도 아니다. 돈의 노예가 되어 사는 현대인들이나 아피스를 만들면서 그것이 하나님이라고 '찬양'했던 이스라엘 사람들 모두 막연한 미래로부터 예측 가능한 것을 손에 움켜쥐려는 절박함을 드러내는 행위이기는 마찬가지다. 그래서 어떻게든 미래에 대해 '안위'를 얻으려고 한다. 안위를 위해 매 순간 분주하게 살고 숨 가쁘게 달려가지만, 외면하고 놓치는 것들이 얼마나 많은가. 광야에서 무심코 지나치는 '오아시스'들이 얼마나 많은가.

> 어린 왕자가 말했다. "사람들은 서둘러 급행열차에 오르지만 정작 자신들이 무엇을 찾는지 모르고 있어요. 그래서 늘 분주하게 제자리를 맴돌고 있을 뿐이예요. 아무 소용없는 일인데 말이예요." 정말 그렇다. 유년 시절에 크리스마스트리에 매달린 반짝이는 불빛, 자정 예배 때 울려 퍼지던 음악, 사람들의 다정한 미소들이 있었기에 크리스마스 선물이 더 값지게 느껴지지 않았던가. 어린 왕자가 말했다. "사막이 아름다운 것은 오아시스를 숨기고 있기 때문이예요."[14]

광야를 걸어가던 아무개들도 우리처럼 내일이 불안하기는 마찬가지라면, 그들이 그 두려움을 이길 수 있었던 비결은 무엇이었을까. 그들이 불안감을 극복할 텍스트가 있었다면 그것은 우리의 콘텍스트에서도 동일한 능력이 되리라 믿는다.

14) 앙투안 드 생텍쥐페리/ 베스트트랜스 역, 『어린 왕자』(더클래식, 2015), 120-125.

그들에게 모세가 이렇게 외쳤다.

"네 하나님 여호와께서 이 사십 년 동안에 네게 광야 길을 걷게 하신 것을 기억하라 이는 너를 낮추시며 너를 시험하사 네 마음이 어떠한 지 그 명령을 지키는지 지키지 않는지 알려 하심이라 너를 낮추시며 너를 주리게 하시며 또 너도 알지 못하며 네 조상들도 알지 못하던 만 나를 네게 먹이신 것은 사람이 떡으로만 사는 것이 아니요 여호와의 입에서 나오는 모든 말씀으로 사는 줄을 네가 알게 하려 하심이니라 이 사십 년 동안에 네 의복이 해어지지 아니하였고, 네 발이 부르트지 아니하였느니라(신 8:2-4)"

이것이 아피스를 만들던 아무개들에게 모세의 입을 통해 전달한 텍스 트다. 우리의 인생은 나일 강의 신이나 아피스, 호루스가 좌우하지 않는 다. 생사여탈이 그런 요소에 달려 있지 않다는 용기가 필요하다. 모세는 생계의 문제마저도 야훼의 손에 있다는 것을 아무개들에게 확신시키려 고 했다. 주일의 하나님과 일상의 하나님은 절대 다른 존재가 아니다. 역 설적이게도 우리로 하여금 그것을 확신시키려고 하나님은 우리를 때로 는 낮추기도 하시고 주리게도 하신다.

지금까지 만만치 않은 과정을 걸어왔다면 앞으로도 얼마든지 걸어갈 수 있다는 확실한 증거가 아닐까? 과거의 시점에도 미래를 두려워했지만 미래가 현재가 된 지금, 과거의 두려움들이 우리의 존재를 무너뜨리지 못 한다는 것을 확신한다면 지금 가지고 있는 미래의 두려움조차 미래가 현 실이 되었을 때 아무것도 아님을 알게 될 것이다. 그것이 야훼의 약속이다. 야훼는 그 약속을 다음과 같은 방식으로 확증한다.

> "여호와께서 시내 산 위에서 모세에게 이르시기를 마치신 때에 증거
> 판 둘을 모세에게 주시니 이는 돌판이요 하나님이 친히 쓰신 것이더
> 라(출 31:18)"

모세가 시내 산에 올라갔을 때 받은 '두 돌판'이 약속의 보증이다. 이
것은 십계명이 새겨진 돌판이 아니다. 역사는 우리에게 충격적인 사실을
전한다. 아무개들은 그것을 몰랐을 리 없다.

당시 사람들은 람세스 2세를 경험했고, 그가 쌓아올린 문명의 일원이
었다. 람세스 2세가 세력을 팽창하면서 마주쳤던 국가는 팔레스타인 북
부의 '헷 족속'으로 알려진 히타이트였다. 두 강국은 팔레스타인의 주도
권을 놓고 카데시에서 맞붙었다. 전쟁의 승패를 결판 지을 수 없어서 양
국은 적대 관계를 청산하고 '상호방위조약'을 체결했다. 그 협정이 바로
세계사에 등장하는 '카데시 협정'이며, 인류 역사에 등장하는 최초의 국가
간의 조약이다. 조약을 체결한 당사자는 이집트의 람세스 2세와 히타이
트의 하투실리스 3세였고, 양국은 다음과 같은 협정을 체결했다.

> 이집트의 지배자이신 람세스 왕의 치세 스물한 번째 해, 첫 번째 달,
> 태양에게 집권을 허락 받으시고, 호루스의 옥좌를 계승하시고, 영원
> 한 삶을 사시고, 영원히 존재하실 분에게 하투실리스가 사신을 보냈
> 다. 이제부터 영원토록 평화와 우정이 함께 할 것이다. 이 협약에 따
> 라 이집트의 왕과 히타이트의 왕자는 서로 적대시하지 않을 것을 신

카데시 조약의 평화 협정문(좌)과
그 내용을 기록한 이집트 카르나크 신전의 벽(우)

들에게 맹세한다. 만약 어떤 적이 히타이트의 땅을 침범한다면, 이집 트의 위대한 왕 람세스는 그 적을 공격할 것이다. (카데시 협정문 중에서)

이 협정이 체결된 증거가 지금도 남아 있는데, 터키 이스탄불 고고학 박물관에 체결문 원본이 소장되어 있다. 또한 조약을 체결한 서명과 같은 것을 돌판에 새겨 하나는 히타이트에, 하나는 이집트에 두었다. 체결 문 서에 양측이 합의하고 서명하면, 두 돌판은 양국의 약속을 증명하는 증거 가 된다. 람세스 시대에 카데시 협정은 국가적인 사안이었고, 두 돌판은 약속을 깨지 않겠다는 선언이다.

시내 산의 두 돌판은 어떤 의미였을까? 시내 산의 두 돌판은 카데시 평화 협정을 회상시킨다. 하나님은 반드시 그렇게 하겠다고 약속했다. [15] 이보다 더 확실한 증거가 있을까? 이것이 약속을 맺은 하나님의 본심이 다. 하나님은 자신의 이름을 걸고 너희를 지켜줄 것이며, 심지어 먹고 사 는 문제까지도 맹약에 포함되었다는 것을 이렇게 몸소 보여 주셨다. 그러 므로 하나님은 미래의 생계나 막연한 불안함을 포기하고 무조건 하나님 만을 섬기는 인공지능 같은 면모를 우리에게 요구하지 않는다.

불투명한 미래 앞에서 우리가 할 수 있는 반응은 두 가지다. 하나님을 의지하거나 아피스를 의지하거나 둘 중 하나다. 21세기에 사람들이 만든 아피스는 빅 데이터가 아닐까? 빅 데이터가 분석해서 내리는 '정보'가 현 대의 신이 되어 가고 있다. 21세기 아피스가 지배하는 콘텍스트에서 우 리가 의지해야 할 대상은 오히려 텍스트가 아닐까?

---

15) 배철현, 『창세기, 샤갈이 그림으로 말하다』(코바나컨텐츠, 2010), 133.

인문학은 성경을
어떻게 만나는가

지금 우리는 미래에 대한 심각한 불안감을 느낀다. 10년 전에도 동일하게 불안했다. 그러나 지난 10년간 의복이 해어지지 않았고, 신발이 낡지 않았으며, 하나님은 우리를 먹이시고, 입히셨다. 카데시 협정의 맹세처럼 우리에게도 맹약을 체결하셨기 때문이다. 그렇다면 다가올 미래의 10년도 자신의 이름을 걸고 우리를 지키신다는 사실은 너무도 확실하지 않을까?

토론을 위한 질문

1. 정확히 10년 전에 나는 어떤 '미래의 두려움'을 가졌는가? 그때 내 마음은 어땠는가?

2. 10년 전에 했던 염려는 10년이 지난 지금 어떻게 되었는가? 염려대로 됐는가, 아니면 그 반대로 됐는가?

우리의 전쟁터는
어떠한가?

인류의 역사와 공존해 왔던 것이 전쟁이었던 것처럼 성경에서도 전쟁은 이스라엘 백성들과 함께 해 왔다. 확실한 것은 구약의 '이스라엘'이라는 나라는 한 민족의 집합체를 상징하는 것이 아니라 성경에 믿음을 갖는 사람들의 영적인 모본을 삼는다. 그렇다면, 고대 전쟁에 대한 이해야말로 영적으로 어떻게 살아가야 하고, 어떤 선택을 해야 하는지 명확한 지침을 주는 것이다.

우리의 전쟁터는 어떠한가?

우리를 힘들고 지치게 할 때는 여러 선택들 사이에서 고민할 때도 있지만, 때로는 선택 자체가 없는 경우도 있다. 지금 내가 하는 일의 의미를 발견하지 못해서 막연함에 휩싸인다. 현재 탈출구가 보이지 않고, 선택의 카드조차 없을 때 마음속에는 우울함이 싹트고 자존감이 무너진다. 극단적인 생각들 속에 외줄 타기가 일상이 된다. 그런 마음이 들 때 텍스트 속의 아무개들과 대화를 나눠 보면 오히려 우리가 잔잔한 위로를 받을 수 있다.

앞 장에서 소개한 권정생 선생의 산문집『빌뱅이 언덕』에는 이런 내용이 나온다.

성서의 가르침과 기독교 정신이 어떤 것인지 나는 아직까지도 혼란스럽다. 성서에는 "땅을 정복하라"라든가 "천국은 침노하는 자의 것이다"라는 파격적인 말도 분명히 있다. 기적으로 사람을 살리기도 하지만 기적으로 사람을 몰살해 버리는 대목도 있다. 선악의 객관성은 무시되고 오직 유대인과 유대교 외에는 어떤 것이든 적이 되고 악이 되고 멸망의 대상이 되었다. 예수는 이런 유대교의 율법과 성전(聖殿) 중심의 권위와 독선을 깨뜨리러 세상에 왔다. 사람이 안식일을 위해 있는 것이 아니라 안식일이 사람을 위해 있다는 생명 존중의 종교로 바꿔 놓은 것이다. (p.167)

권정생 선생의 묵상은 날카롭고 예리하다. 기적으로 사람을 살리고, 기적으로 홍해를 가르기도 하지만, 그 기적으로 반대편의 사람들을 몰살시킨다. 그것을 '축복'이라고 할 수 있을까? 나의 욕심대로 성경을 끌어와서 해석하는 경우가 많다. 그와는 반대로 예수께서는 오히려 생명을 존중하고 영혼에 가치를 두셨다. 그런 예수를 닮는 사람들을 가리켜 '그리스도인'이라고 부르지만, 현대의 그리스도인들은 닮고 싶은 부분만 취사선택한다. 그중의 대표적인 것이 여리고 성 이야기다.

여호수아는 요단 강을 **건너** 가나안 땅을 **정복**한 후 거주민들을 **진멸(학살)** 했다.

이 도식은 기독교 역사에서 빈번하게 인용되었다. 구약을 문자 그대로 따른다면 우리는 여전히 제사를 드리기 위해 양을 죽이고, 토요일(안식일)마다 노동을 금해야 한다. 그러나 우리가 더 이상 그런 일을 하지 않는

이유는 그 계명이 장래의 모형과 그림자이기 때문이다(골 2:17). 어떤 것을 문자로, 어떤 것을 의미로 분류해야 할까?

전쟁의 기록이 사회의 고지(高地)에 깃발을 꼽거나 약자들을 정복하는 것을 정당화하는 선전(Propaganda)으로 악용된 사례가 너무 많다. '건너가 정복해서 죽이는' 방식은 대서양을 건너서 아메리카를 정복하고 원주민들을 죽인 사례에 인용되었다. 아우슈비츠에서도 독일 신학자들은 이런 방식으로 학살에 정당성을 부여했다.

우리나라 기독교 역사에서 제주 4·3 사건이나 5·18 민주화 운동의 범죄자에 대한 태도도 돌아보아야 한다. 국가 조찬기도회에서 범죄자를 가리켜 '여호수아 장군'으로 칭송한 역사가 그것을 말해 준다. 여호수아가 여리고를 정복한 사건은 신중하게 살펴보아야 하는 이유다. 전도나 선교를 하면 반드시 기존의 문화와 가치를 '박멸'하고 찬송이 울려 퍼지게 하기 위해 땅을 밟으라고 여호수아가 우리에게 말하는 것일까.

고대 전쟁에서 승자와 패자의 운명은 극명하게 갈린다. 승자는 그들의 신이 더 강했기 때문이라고 여겼으며 패자에게는 인권과 자유, 관용이 없다. 그들의 목숨은 승자들의 영광을 빛내기 위해 바쳐지는 전리품에 불과하다. 그것이 고대 전쟁의 관행이다. 그렇다면 하나님이 이스라엘에게 '진멸하라'고 하는 명령은 당시에는 시대적 관행이다. 그 사건의 의미는 탐심에 대한 적용이지 문자적인 것은 아니다. 문자가 시대를 벗어나는 순간 십자군들이 행한 진멸은 범죄가 되고, 미 대륙에서 원주민들을 학살한 진멸은 수치가 된다.

구약의 전쟁 기록과 하나님이 이스라엘에게 승리를 선사한 것은 제국주의 사고방식을 정당화하기 위한 구절이 아니다. 우리의 전쟁터는 내면이고, 정복할 대상은 '탐욕'이다(골 3:5). 하나님이 주시는 승리는 반드시 그리스도인의 성화 과정에서 주시는 약속이다.

하나님은 왜 여호수아에게 학살을 명령했는가? 바울이 이해한 것은 이렇다. 홍해는 구원을 상징한다(고전 10:1-13). 그렇다면 가나안은 하나님 나라를 의미한다. 가나안 부족을 진멸하라는 것은 하나님 나라 속에 타협되거나 숨겨진 죄를 철저히 제거하고 진멸하라는 것을 잊지 말라는 의도다. 우리가 이 사건을 대할 때마다 진멸해야 하는 대상은 마음 속 탐욕임을 기억하는 것이 본문의 의미다.

벤치마킹하기   선택의 여지가 없을 때

요단 강을 건너 가나안 땅으로 들어가는 상황을 상상해 보자. 일반적으로 주목하는 대상은 영웅이었던 여호수아다. 여호수아는 용기의 화신이다. 현대인들이 용기를 필요로 할 때 회자되는 인물이기도 하다. 여호

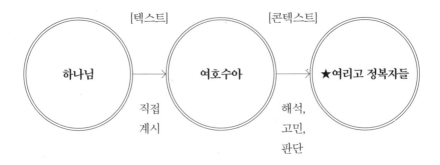

수아는 벤치마킹의 대상이 될 수 없다. 그가 정탐꾼이던 시절부터 여리고 정복까지 하나님의 직접 계시를 받았기 때문이다. 그렇다면 우리가 주목해야 할 아무개들은 누구일까?

여리고 성을 정복하던 당시 여호수아와 함께 했던 여리고 정복자들이다. 그들은 훈련된 전사(戰士)가 아닌 떠돌이 유목민 노마드들이다. 그들과 가나안에 거주한 부족들의 격차는 어떨까? 가나안에 거주했던 부족들은 엄밀히 말하면 '부족'들이 아니다. 앞 장에서 고대 문명을 전달해 주었던 사람들 중 팔레스타인에 거주했던 민족들로 메소포타미아와 이집트 문명의 가교 역할을 했다. 고대의 찬란한 미케네 문명을 무너뜨리고 팔레스타인에 상륙했던 블레셋 민족은 철기 문명을 보유해서 가나안에 정착했다. 히타이트(헷) 민족은 이집트와 최초의 평화조약을 체결할 만큼 강력한 철기 문명을 갖췄다. 인류 최초로 알파벳을 고안했던 페니키아인들도 팔레스타인에 거주했다. 정확히 번역하면 가나안 땅에 거하던 일곱 개의 부족들은 일곱 개의 고대 도시국가다.

반면 이스라엘 사람들은 40년간 이집트에서 탈출한 홈리스 집단이라고 보면 정확할 것이다. 여리고 정복은 홈리스 집단이 고대 문명국가를 정복한 믿기 힘든 사건이다. 따라서 열두 명의 정탐꾼들이 가나안 지역에 파견됐을 때 그들과 자신들을 비교해 보니 자신들이 '메뚜기' 같았다는 보고는 믿음이 부족한 것이 아니라 정확한 팩트를 진단한 것이다.

> "여호수아가 백성에게 이르기를 마치매 제사장 일곱은 양각 나팔 일곱을 잡고 여호와 앞에 나아가며 나팔을 불고 여호와의 언약궤는 그 뒤를 따르며 그 무장한 자들은 나팔 부는 제사장들 앞에서 행진하며

후군은 궤 뒤를 따르고 제사장들은 나팔을 불며 행진하더라 여호수아가 백성에게 명령하여 이르되 너희는 외치지 말며 너희 음성을 들리게 하지 말며 너희 입에서 아무 말도 내지 말라 그리하다가 내가 너희에게 명령하여 외치라 하는 날에 외칠지니라 하고 여호와의 궤가 그 성을 한 번 돌게 하고 그들이 진영으로 돌아와서 진영에서 자니라 (수 6:8-11)"

여리고 성을 함락하기 위해 내려진 지시 사항이다. 언약궤를 앞세워서 요단 강을 건넌 후 여리고 성을 도는데, 6일간 하루에 한 바퀴씩 돌고, 7일째는 무려 일곱 바퀴를 도는 것이 '작전'이란다. 세부 전술을 살펴보면 더 황당하다. 궁극적인 전쟁의 목적은 여리고 성을 함락하는 공성전인데, 작전을 들여다보니 성을 열세 바퀴 돌라는 지침이다. 잡담을 금지하고 사회적 거리두기로 도는 것이 작전의 전부다. 제사장과 언약궤를 중심으로 행렬의 위치와 간격을 유지하라는 명령인데, 홈리스들의 행렬을 로마 개선식이나 국군의 날 퍼레이드로 떠올릴 수 없다. 제사장들은 양각나팔을 불었다. 행렬을 갖추어 열세 바퀴를 돌던 사람들이라면 그야말로 '돌겠다'는 말이 나오지 않았을까? 내가 지금 감당하는 일이 무슨 의미인지, 왜 해야 하는지 의미와 목적도 모른 채 하고 있으니 말이다.

여리고 성은 castle을 도는 것이 아니라 'City of Jericho'를 도는 일이었다. 적어도 성벽으로 둘러싸인 고대 도시를 돌았다. 성벽에는 궁수들이 배치되었을 것이고, 고대 시대의 화살 사거리는 180미터 정도였다. 그러니 열세 바퀴를 도는 것은 화살의 사정거리를 벗어난 거대한 반경을 돌았을 것이다. 좀 더 상상해 본다면 성벽 위에 궁수들이나 병사들과 눈이 마주쳤을 때의 느낌도 떠올려 볼 수 있다. 무의미함, 굴욕감, 허탈감을 상상해 볼 수 있다.

여호수아 6장 10절을 다시 살펴보자.

> "여호수아가 백성에게 명령하여 이르되 너희는 외치지 말며 너희 음성을 들리게 하지 말며 너희 입에서 아무 말도 내지 말라(수 6:10, 상반절)"

하나님은 정복의 임무를 수행하는 여호수아만 주목한 것이 아니라 우리가 벤치마킹하는 아무개들에게도 공감의 시선을 갖고 있다. 외치지 말고, 음성을 들리게 하지 말고, 아무 말도 내지 말라. 그렇게 말한 이유는 그들의 마음속에 외치고 싶고, 말하고 싶은 욕망이 가득하다는 것을 이해하기 때문이다. 이것을 우리 식으로 표현한다면 이런 말이 아닐까? "너희들이 힘들고 창피한 건 알겠는데, 그냥 조용히 돌기만 하여라."

공감하기 임계점

여리고 성 정복의 의미가 조금씩 보이기 시작한다. 구약에서 언약궤는 하나님의 임재를 상징한다. 언약궤를 중심으로 행진을 하라는 것에는 율법이 삶의 중심이 되도록 하라는 의미가 담겨 있다. 텍스트의 이 의미를 콘텍스트에서도 살려 적용해야 한다면, 우리에게 요구하는 것은 기록된 텍스트의 정신으로 콘텍스트를 살아가라는 말이다.

행렬을 자세히 들여다보면 아무개들은 소리를 치고 불만을 터뜨리고 싶은 상황이었음에 분명하다. 남들의 시선은 부담스러웠고, 자신이 걷는 행진은 무의미해 보였다. 차라리 여리고 성을 향해 공성전을 펼쳤다면 멋있어 보였을지도 모른다. 의미 없는 행진 열세

바퀴를 돌면서 힘이 빠졌던 것은 한 바퀴를 돌 때마다 1/13만큼 무너지는 과정조차 볼 수 없었다. 한 바퀴 돌 때마다 1/13만큼 성벽에 금이 가고, 붕괴의 흔적이라도 있다면 아무개들이 그 일을 감당하기는 훨씬 쉬웠을 테다.

하지만 열세 바퀴를 도는 것을 마치기 직전까지 성은 꿈쩍도 하지 않았다. 그들의 '임계점'은 열세 바퀴였지만, 그때까지 아무개들이 겪어야 했던 마음을 떠올려야 한다. 그때까지 하나님이 요구하는 것은 '존버', 조금만 버티는 것이다.

우리가 매일 반복하는 삶에서 거창한 의미를 발견하기는 어렵다. 모욕감을 넘어 굴욕감을 느낄 때도 있다. 위기의 순간이라면 열 바퀴를 넘게 돌았지만 환경은 개선되지 않고, 상황은 꿈쩍도 하지 않는다. 경로를 바꾸자고 누군가가 말하면 나도 그 말에 동조할지도 모른다. 다른 선택이 더 좋아 보이는 것은 나의 일에 가치를 느끼지 못하고, 다른 일은 아직 해보지 않았기 때문이다. 그런 유혹을 이기지 못하고 그만두는 것을 하나님의 뜻이라고 잘못 이해하는 경우도 많다.

어떤 일이든지 '하나님의 때'가 있다. 그 말이 어렵다면 임계점이라는

말이 조금 더 와 닿을지도 모른다. 내 발걸음이 텍스트에서 명하는 것이고, 옳은 행위라면 다른 선택은 없다. 우리가 해야 할 일은 존버다. 조금만 더 버티자. 곧 임계점에 도달할 것이다. 마음속에서 끓어오르는 분노와 수치심, 불평을 딛고 조금만 더 걸어가자. 그때까지 초라해 보이는 것은 당연하다. 성벽 위의 사람들이 나를 비웃을 것 같다.

그러나 여기에 반전이 있다. 오히려 성벽 위에서 아무개들을 바라보는 시선은 그들의 생각과는 정반대였다. 이스라엘 백성들은 스스로를 메뚜기 같다고 생각했고, 성벽 위의 사람들도 그렇게 본다고 생각했다. 라합의 표현을 빌리자면 성벽 위의 사람들은 오히려 경외감으로 아무개들의 발걸음을 주시하고 있었다. 행진하는 이스라엘 사람들을 두려운 눈으로 쳐다보고 있었다. 내가 의미 없는 걸음을 걷는다고? 내가 우스워 보인다고? 천만에. 나만의 착각이다.

인문학으로 성경 읽기 **세상과 통하기**

이스라엘 사람들의 주눅 든 마음에 비해 라합은 전혀 다른 반응을 보인다.

> "말하되 여호와께서 이 땅을 너희에게 주신 줄을 내가 아노라. 우리가 너희를 심히 두려워하고 이 땅 주민들이 다 너희 앞에서 간담이 녹나니 이는 너희가 애굽에서 나올 때에 여호와께서 너희 앞에서 홍해 물을 마르게 하신 일과 너희가 요단 저쪽에 있는 아모리 사람의 두 왕

시혼과 옥에게 행한 일 곧 그들을 전멸시킨 일을 우리가 들었음이니라 우리가 듣자 곧 마음이 녹았고 너희로 말미암아 사람이 정신을 잃었나니 너희의 하나님 여호와는 위로는 하늘에서도 아래로는 땅에서도 하나님이시니라(수 2:9-11)"

여리고 성벽 위의 사람들은 그들을 어떻게 봤을까? 아무개들은 당대 최강 이집트 군대를 홍해 바다에 수장시키고 오는 길이었다(시 136:15). 아무개들은 변변한 무기나 식량도 없는 노마드 집단이었지만 메소포타미아 문명을 이집트로 넘겨준 아모리 사람들이 그들에게 멸망을 당했고, 비슷한 도시 국가들이 차례로 무너져 내렸다. 고대 전쟁은 신들의 전쟁이라고 하지 않았던가? 이스라엘의 신 야훼가 다른 신들을 하나씩 정복하고 지금 그들 앞에 나타난 것이다. 여리고 사람들은 노숙자들의 초라함이나 현실의 상태를 보는 것이 아니었다. 그들이 걸어온 발자취를 주목하고 있었다.

현실에서 하나님의 존재는 선전이나 구호, 홍보로 증명되지 않는다. 전도지나 소식지를 나눠 준다고 해서 신의 존재가 증명되거나 설득되지 않는다. 우리를 움직이는 근거를 통해 하나님이 증명된다. '하나님은 사랑이시다'는 것도 구호와 홍보로 증명되지 않는다. 우리의 발걸음에 사랑의 흔적이 남아 있을 때, 그것이 신적 사랑을 드러내는 근거가 된다. '하나님은 진리이시다'는 내용도 마찬가지다. 내가 걸어온 발자취마다 거짓과 위선이 남아 있다면 우리가 의지하는 신은 거짓의 화신으로 밖에 드러나지 않는다.

세상이 우리를 보는 방식이 그렇다. 세상은 우리의 겉모습을 보지 않는다. 오히려 우리가 광야를 통과해 온 발자취들을 지켜본다. 그리스도인들은 7일 중 하루를 희생하고, 수입의 10% 이상을 없는 셈치고 산다. 지구 반대편의 일면식도 없는 사람들에게 돈을 보내며 기뻐하고, 타인을 위한 삶을 살면서도 그 기쁨은 나의 것이 된다. 이해하기 어려운 사람들이다. 우리가 존버하는 이유다. 임계점이 나타날 것이기 때문이다.

> "그러므로 너희가 견디고 있는 모든 박해와 환난 중에서 너희 인내와 믿음으로 말미암아 하나님의 여러 교회에게 우리가 친히 자랑하노라 이는 하나님의 공의로운 심판의 표요 너희로 하여금 하나님의 나라에 합당한 자로 여김을 받게 하려 함이니 그 나라를 위하여 너희가 또한 고난을 받느니라(살후 1:4-5)"

우리가 버티는 이유는 맹목적이지 않다. 하루하루 버티는 것은 어느 순간 하나님 나라에 합당한 모습으로 바뀌어 가는 과정이다. 물론 하루하루 버틸 때마다, 여리고 성을 한 바퀴 돌고 난 후의 가시적인 결과가 나타나지 않는다. 그렇지만 임계점에 다다르면 우리의 얼굴은 어느새 '큰 바위 얼굴'로 바뀌어 있을 것이다. 여리고를 돌던 사람들의 지난한 과정은 임계점에 도달해서 역사에 찬란히 기록되었다.

기적을 만들어 낸 이야기는 성경에만 존재하는 것은 아니다. 시대정신은 흑인을 정복해야 할 노예라고 생각할 때, 영국의 양심이었던 윌리엄 윌버포스는 1789년부터 무려 18년간 150차례의 노예무역폐지 연설을 통해 여리고를 돌았고, 마침내 1807년 5월에 노예무역폐지가 가결되었다.

대조적으로 미국에서는 1850년에 '도망노예법'이 의회에서 통과되었다. 농장주로부터 도망친 흑인 노예를 발견할 경우 반드시 해당 주인에게 되돌려 주어야 한다는 법이 가결된 것이다. 이 법에 저항해 한 작가가 잡지에 연재하기 시작한 작품이 『톰 아저씨의 오두막』이다. 한 작품을 통해 미국 전역에 흑인에 대한 기독교의 가치를 재고하게 만들었고, 이것은 링컨 대통령에 의해 남북 전쟁이 벌어지는 서막이 되었다. 이 작품은 그 당시 뿐 아니라 한 세기 후의 마틴 루터 킹 목사에게도 영향을 주었다. 이 책의 작가였던 해리엇 비처 스토는 여리고를 돌았던 셈이다. 스토 여사가 쓴 작품은 현실에 대한 적나라한 시선이 담겨 있다.

> 노예제에 대한 추상적인 질문에 대해서는, 한 가지 의견 외에는 있을 수 없어요. 그 제도에 의해 돈을 벌어들이는 농장주들, 농장주의 비위를 맞추는 성직자들, 그 제도로 지배를 하고 싶어하는 정치가들, 이런 사람들은 자신들의 교묘한 재주를 발휘하여 세계를 놀라게 할 정도로 언어와 윤리를 뒤틀고 구부립니다. 그들은 자연과 성경과 그 밖의 것들을 자기들 목적에 맞게 왜곡합니다. 하지만 그들 자신도 세상 사람들도 그런 궤변을 조금도 믿지 않습니다. 그런 것은 악마로부터 나온 것입니다. 그것은 악마가 자신의 취향대로 무엇을 할 수 있는지 보여 주는 굉장히 훌륭한 사례입니다.[16]

월버포스나 스토 여사는 제사장들의 언약궤를 뒤따라 묵묵히 여리고

---

16) 해리엇 비처 스토/ 이종인 역, 『톰 아저씨의 오두막』2(문학동네, 2011), 18.

인문학은 성경을
어떻게 만나는가

를 돌았던 사람들이다. 그들은 문자적으로 여리고 성을 정복하고 진멸했던 사회를 경험했지만, 텍스트의 의미를 왜곡하지 않고 콘텍스트에 나타내었다. 지금도 우리에게 맡겨진 여리고 성 주변으로 발걸음을 묵묵히 내딛고 버티는 여러분들에게 장석주 시인의 〈대추 한 알〉을 바친다.

대추 한 알

- 장석주

저게 저절로 붉어질 리는 없다

저 안에 태풍 몇 개

저 안에 천둥 몇 개

저 안에 벼락 몇 개

저 안에 번개 몇 개가 들어 있어서

붉게 익히는 것일 게다

저게 혼자서 둥글어질 리는 없다

저 안에 무서리 내리는 몇 밤

저 안에 땡볕 두어 달

저 안에 초승달 몇 날이 들어서서

둥글게 만드는 것일 게다

대추야

너는 세상과 통하였구나

토론을 위한 질문

1. 지금까지 버텨 왔던 시간이 오히려 나를 성숙시켰던 적이 있다면 언제인가?
2. 예전에 포기하고 싶었던 순간은 언제였으며, 왜 그런 생각을 했는가? 만일 그때 포기했더라면 지금 어떻게 달라졌을까?

공감 포인트 6

우상숭배

거룩과 세속을
구별하는가?

성경에서 '우상'에 대한 이해만큼 우리에게 잘못 인식된 것이 있을까 싶다. 이스라엘 백성들은 한 번도 예외 없이 우상 숭배에 심취해 있었다. 요람에서 무덤까지 율법의 테두리 속에서 살아가는 사람들이 왜 반복해서 우상에 빠졌는가? 그것은 우리들에게도 경종을 울리는 사건일 수 있다. 누군가의 지적처럼 우리는 예배자인가, 우상 숭배자인가를 되새길 수 있는 중요한 문제다.

거룩과 세속을 구별하는가?

현실 속에서 늘 심리적 부침(浮沈)을 경험한다. 자존감이 높아지다가
도 때로는 세상의 들러리처럼 살아간다는 생각이 가득해지기도 한다. 내
스스로가 때로는 하찮게 여겨져서 하나님이 있다고 해도 결코 일상에서
나의 생사여탈을 책임지지 못할 것 같은 소외감이 들 때가 있다. 그렇다
면 하나님은 무가치해 보이는 우리를 어떻게 평가할까? 우리의 일상에
직면한 선택을 어떻게 감당할 수 있을까? 우리와 비슷한 삶을 살았던 아
무개들에게 대화를 요청할 것이다. 갈멜 산에서 '우상'에 대해 살펴보고
아무개들과 소통을 하면 우리를 객관적으로 바라볼 수 있다. 갈멜 산으로
가 보자.

많은 사람이 갈멜 산에 모여 있다. 이곳에서 바알과 아세라 선지자

850명이 한 명의 선지자와 대결을 하려는 참이다. 850대 1의 싸움이다. 자신이 믿는 신을 증명하는 쪽이 승리하는 게임이다. 악한 군주 아합 왕과 페니키아의 왕비 이세벨이 이 시기에 이스라엘을 통치했다. 이스라엘 백성들은 바알을 섬기기에 여념이 없었고, 하나님을 섬기는 모습은 자취도 없이 사라졌다. 이스라엘을 암담하게 만든 것은 우상 숭배였다. 결국 주전 722년에 북이스라엘 왕국은 앗수르의 침공으로 멸망을 당했다. 엘리야가 활동하던 시기에 만연했던 우상 숭배는 한 세기 후 북이스라엘의 수도 사마리아가 함락을 당할 때에도 개선되지 않았다. 앗수르의 사마리아 침공 당시의 자료는 이스라엘의 우상 숭배가 얼마나 팽배했는지를 보여 준다.

옆의 사진에 보이는 부조는 앗수르 병사들이 사마리아를 정복한 후 그곳에서 전리품을 챙겨 나오는 장면을 새긴 것으로 니느웨에서 출토되었다. 현재 대영박물관에 소장된 사마리아 함락 조각에서 앗수르 병사들의 표정과 전리품을 볼 수 있다. 병사들의 생생한 표정이 살아 있고, 그들이 들고 있는 것이 무엇인지 식별할 수 있다. 병사들은 사마리아에서 수많은 우상을 탈취해 본국으로 옮기는 중이다. 한 병사의 입꼬리가 올라가 있는 모습에서 그날의 굴욕을 느낄 수 있다.

우상은 사마리아가 멸망할 때도, 출애굽 이후 광야에서도, 그리고 엘리야 시대에도 만연했던 문제였다. 그렇게 본다면 우상은 어느 특정 시대에 유행한 것이 아니라 인간이 살아가는 동안 늘 뿌리 깊게 스며든 본성과 같다.

앞에서 살펴보았던 금송아지를 만든 사건처럼 이스라엘 백성들은 하

나님 따로, 금송아지 따로 구분해서 생각하지 않았다. 금송아지를 하나님이라고 여겼듯이 엘리야 시대에도 구분 없이 뒤섞여 있었다. 성전에서 종교적 제의를 행할 때는 하나님을 섬겼지만 일상에서는 일상을 주관하는 신들을 섬겼다. 그것은 지극히 정상적인 시대의 사고방식이다. 그들에게 엘리야가 호소한다.

> "엘리야가 모든 백성에게 가까이 나아가 이르되 너희가 어느 때까지 둘 사이에서 머뭇머뭇 하려느냐 여호와가 만일 하나님이면 그를 따르고 바알이 만일 하나님이면 그를 따를지니라 하니 백성이 말 한마디도 대답하지 아니하는지라(왕상 18:21)"

엘리야의 호소를 들어보면 이스라엘 백성들의 뒤섞인 관행은 이미 구분하기가 힘들 정도가 되었다. 바알은 팔레스타인 지역에서 태양과 번개를 주관하는 신으로서 사람들은 농경과 날씨, 수확이 절대적으로 바알에게 달려 있다고 생각했다. 따라서 바알은 종교의 영역이라기보다 농경 문화가 지속되는 한 당연하게 여기는 사회의 통념이다.

우리는 '지동설'을 신념이라고 말하지 않는다. 당연한 사실이기 때문이다. 그러나 코페르니쿠스가 지동설을 처음 주창했을 때, 그것은 신념이었다. 갈릴레이는 같은 신념을 가졌지만 교황청에 굴복했던 반면, 케플러는 그 신념을 증명해 냈다. 고대 사회에서 바알은 신념이라기보다 농경 사회가 당연히 받아들이는 사실에 가깝다. 야훼가 종교라면 바알은 보편적 상식이다. 그러므로 이스라엘 백성들에게 야훼는 바알 위에 얹어진 보너스인 반면, 야훼는 백성들에게 액세서리 같은 존재가 아니라 삶의 전

영역에서 주(主)로 인정받기를 원한다.

그렇다면 왜 우상을 제거하는 일이 그토록 어려웠을까? 농사와 생계는 바알이 관할하고, 번영과 풍요는 아세라 신이 주관한다고 믿었기 때문이다. 그러므로 이스라엘 사람들에게 율법을 행하는 것은 종교 영역인 반면 바알과 아세라는 일상의 영역이다. 야훼는 성전에 있는 신이고, 바알은 일상에 있다. 두 영역에 바알과 야훼는 이런 방식으로 공존한다고 생각했다.

그런 사람들에게 일상의 영역에 있던 바알을 우상이므로 제거하라는 엘리야 선지자의 요구는 수용하기 쉽지 않다. 자칫 생계와 번영을 포기하라는 주장으로 들릴 수 있었다. 반면, 엘리야가 말하려는 요지는 분명하다. 생계의 문제를 포기하라는 말이 아니다. 그것이 하찮을 만큼 보잘 것 없는 비중을 차지하는 것도 아니다. 생계, 번영, 풍요의 영역도 야훼의 영역임을 말하려는 것이다.

비슷하게 들리지만 의미는 매우 다르다. 대게 먹고 사는 문제보다 하나님을 더 사랑하라는 요구를 듣곤 한다. 적지 않은 설교자들이 생계 문제에 매달리는 모습에 대해 저급하다는 메시지를 보내고, 우상 숭배라고 정죄하곤 한다. 엘리야의 설교와 사뭇 다르다.

엘리야는 그렇게 말하지 않았다. 인간의 생계는 기본적 인권이고, 실존의 문제다. 그것을 하찮게 여기는 종교는 고상한 종교가 아니라 위선이다. 칼뱅의 후예라고 자처한다면, 칼뱅의 '직업소명설'을 간과하면 안 된다. 칼뱅은 거룩함과 세속의 영역을 분리하는 것을 반대했다. 야훼는 단 한 번도 먹고 사는 문제가 하찮고 보잘 것 없다고 하지 않았다.

"그러므로 염려하여 이르기를 무엇을 먹을까 무엇을 마실까 무엇을 입을까 하지 말라 이는 다 이방인들이 구하는 것이라 너희 하늘 아버지께서 이 모든 것이 너희에게 있어야 할 줄을 아시느니라(마 6:31-32)"

하나님께서는 이러한 요소들이 우리에게 필수적이라고 했다. 엘리야의 핵심은 그 영역마저도 하나님이 주관하고 책임질 것이므로 '염려'하지 말라고 하는 것이다. 반면, 유대 사회에서 예수의 메시지를 들었던 유대 민중들은 하나님과 그리스 신들이 다른 영역을 지배하는 것처럼 느꼈고, 먹고 사는 생사여탈이 그리스 신들에게 달려 있다고 생각했으므로 염려했다. 그들에게 예수께서 말하기를 먹고 사는 문제도 하늘의 아버지가 책임진다는 것이 핵심이다. 바울도 이렇게 말한다.

"그런즉 너희가 먹든지 마시든지 무엇을 하든지 다 하나님의 영광을 위하여 하라(고전 10:31)"

이 한 구절로 바울은 우상의 문제에 대해 '사이다' 발언을 했다. 삶에서 거룩함과 세속의 구별된 영역은 없다. 일상의 영역까지도 야훼가 주관하는 영역이라고 믿고 살아가는 것이 거룩함의 본질이다.

벤치마킹하기 설교를 듣는 사람들

이제 다시 갈멜 산으로 시선을 돌려 보자. 우리가 벤치마킹해야 하는 사람들은 누구인가? 엘리야가 아니라 그의 설교를 듣던 사람들이다. 엘리야는 이스라엘 사람들이 머뭇머뭇 한다고 질책했다. 그들이 일상의 영역은 하나님과 무관한 영역이라고 생각했기 때문이다. 이런 아무개들의 모습이 곧 우리들의 모습이다. 교회에서는 누구보다도 열정적으로 야훼가 주인이라고 고백하지만 일상에서는 그런 고백과 의식이 사라지고 만다.

돈이 모든 악의 근원이라고 치부하는 사람들은 대개 내면의 탐욕을 감춘 위선자들이다. 돈은 우리의 여섯 번째 감각이다. 돈에 대해 솔직해져야 한다. 돈을 싫어하는 것이 미덕이라거나 돈을 좋아하는 것을 속물로 취급하는 분위기라면 거짓된 것이 맞다. 돈 자체가 악은 아니다. 돈에 대한 이중적 태도가 나쁜 것이다.

팬데믹으로 많은 교회가 재정에 직격탄을 맞았다. 선교 후원을 중단하고, 지출을 줄이며, 부교역자들을 내보내기까지 한다. 그러면서도 교회는 돈이 아니라 하나님에 의해 움직인다고 말하는 이중적인 태도를 보인다. 그런 태도는 사회적 약자들의 절박함을 짓밟는 행위다. 배고픈 이들에게 밥은 하늘이고, 헐벗은 이들에게 돈은 생명이다. 푼돈으로 치부하는 두 렙돈에 온 가족의 운명이 달린 사람들이 있고, 한 앗사리온에 인생의 희비가 엇갈리는 사람도 있다. 그런 사람들에게 돈과 빵이 우상이라고 함부로 말하는 것은 폭력이다.

굶주린 이웃을 초청해서 한 시간 넘도록 설교와 복음성가 가수의 공연을 강요한 기억이 있다. 지금도 이 기억은 사라지지 않는다. 노숙인들에게 기도하겠다는 표현은 무관심의 또 다른 변명일 게다.

누구보다 돈의 본질을 간파했던 작가가 도스토옙스키였다. 돈의 생리를 체득하기 위해 그는 일부러 돈을 탕진하기도 했고, 극심한 곤궁으로 자신을 밀어 넣으며 작품을 썼다. 그랬기 때문에 사람들의 마음을 울리는 걸작들이 나올 수 있었다. 그는 『미성년』이라는 작품에서 이런 글을 남긴다.

> 돈이야말로 보잘 것 없는 인물까지도 최고의 지위로 이끌어주는 수단이라는 것이 바로 내 이념의 주요한 내용이다. 거울을 볼 때 나는 내 외모가 내게 불리하게 작용한다는 것을 생각한다. 그렇지만 만일 내가 백만장자라면 누가 내 얼굴을 문제 삼겠는가? 현인들도 내 옆에서는 아무 말도 못 할 것이다. 말할 나위도 없이 돈은 절대적 위력을 지닌다. 돈은 모든 불평등을 평등하게 한다.
>
> 내가 만일 백만장자라면, 돈을 두려워하지 않을 것이고, 돈에 압도되지도 않을 것이며, 돈을 무기로 타인을 압박하거나 억누르려고 하지도 않을 것이다. 백만 장자라면, 나는 돈이 필요하지 않은 것일 수도 있고, 내게 필요한 것은 돈이 아니라고 말하는 편이 더 적절할 것이다. 내게 진정으로 필요한 것은 내적인 안정이 깃든 인식이다. 이 인식이야 말로 전세계 인간이 그토록 얻으려고 힘쓰는, 가장 완전한 의미의 자유의 정의인 것이다. 자유![17]

이것이 돈이다. 내적인 안정을 해결하기 위해 우리는 염려한다. 그래

---

17) 도스토옙스키, 『미성년자』 상, (열린책들, 2018), 159-161. 이 내용을 재구했다.

서 바알을 찾는다. 반면, 엘리야는 이렇게 말한다. 미래의 불안함조차도 하나님이 해결하실 것이니 불안해하지 말라고 호소한다. 우상은 우리 내면에 있다. 현대 사회에서 우상은 가시적으로 보이는 '형상'이 아니며, 타 종교를 향해 우상 숭배라고 단죄해서도 안 된다. 엘리야가 텍스트에서 말하는 우상은 우리의 콘텍스트에서는 내면의 이중성과 위선, 그리고 돈에 우리의 생사여탈이 달려 있다고 믿는 것이다. 그것이 우상이고 바알이다.

그런 관점에서 보면 북이스라엘의 아합은 우상 숭배를 부추기는 왕이었다는 오명을 듣긴 했지만 인간적으로는 스마트한 통치자였다. 혼란스러운 북이스라엘의 왕위 계승 문제를 해결했고, 남유다와 국경의 문제로 인해 생긴 분쟁들을 정리하려고 노력했다. 이런 혼란한 시국에 생계의 고통은 고스란히 민초들에게 전가될 수밖에 없었다. 아합이 왕으로 즉위했을 때, 황무하고 기근으로 덮여 있는 팔레스타인으로 초강대국 앗수르가 침공할 움직임이 포착됐다.

이런 현실은 그 땅을 '헬조선'이 아닌 '헬 팔레스타인'으로 만들었다. 엘리야가 갈멜 산에서 백성들을 책망한 것이 열왕기상 18장이고, 그 앞의 17장에는 사르밧 과부가 등장한다. 3년 넘게 비가 오지 않는 가뭄 속에서, 그 과부는 한 움큼 남은 밀가루로 자녀와 한 끼의 끼니를 해결하고 죽으려고 했다. 그것을 먹고 죽으려 했다는 말은, 현실에서는 풀뿌리, 나무 뿌리조차 없어서 절망에 빠진 상태였음을 뜻한다.

이런 현실을 살아간다면 우리도 바알이나 아세라와 무관한 삶을 산다고 자부할 수 있을까? 갈멜 산에서 엘리야의 설교를 듣던 아무개들과 대화를 해 보자. 그들은 누구일까?

아무개들은 혹독한 시기를 살아가면서 갈멜 산에서 엘리야의 설교를 듣고 있었다. 그 호된 꾸지람을 들으며 그것이 하나님의 뜻인지 해석, 고민, 판단을 해야 했다. 왜 그들은 머뭇머뭇 했던가? 종교와 일상이 구분된 삶이었고, 그들에게 '설교'한 것은 엘리야만이 아니다. 850명의 설교자가 있었던 셈이다. 그들이 머뭇거렸던 것은 850명의 다른 설교자들이 있었기 때문이다. 이런 현상은 예레미야 시대까지 이어진다.

> "이 땅에 무섭고 놀라운 일이 있도다 선지자들은 거짓을 예언하며 제사장들은 자기 권력으로 다스리며 내 백성은 그것을 좋게 여기니 마지막에는 너희가 어찌하려느냐(렘 5:30-31)"

엘리야의 시대이건, 예레미야의 시대이건 간에 '판단'이 어려운 이유는 그들에게 외치는 '채널'이 너무 많다는 사실이다. 어떤 선지자가 말할 때 그 말이 야훼로부터 전달된 내용인지 의심을 해야 했다(신 18:20-21).

아무개들은 우리와 비슷하다. 선택을 앞두고 해석과 판단을 해야 하는데, 채널이 너무 많다. 비대면 시대에 설교는 홍수처럼 쏟아져 나온다.

인문학은 성경을
어떻게 만나는가

문제는 어떤 콘텐츠를 들어야 할지 모르겠다는 점이다. 그러므로 어떻게 해석할 것인가는 그 시대의 아무개뿐만 아니라 우리에게도 필요한 기준이다.

명령

비대면 시대에 한 주에도 수 천 편의 설교가 쏟아진다. 같은 본문으로 다른 결론을 외치는 설교가 있다. 설교자들은 목청을 높이며 자기가 하나님을 대변한다고 소리친

공감사전

뇌피셜
뇌+오피셜(official,
공식 입장)의 합성어로
이루어졌으며 자기 머리에서
나온 생각을 일컫는 말

다. 설교의 홍수 시대에 살고 있지만 과장을 보탠다면 '뇌피셜'의 홍수라고 해도 과언이 아니다. 같은 본문에서 제각기 하나님의 뜻이라고 외치는 것을 보면 옛날 갈멜 산이나 예루살렘의 아무개들이 얼마나 혼란스러웠을지 이해가 된다. 그렇다면 아멘으로 반응하는 것은 능사가 아니다. 진정한 믿음이란, 고민하고, 해석해서 판단하는 '합리적 의심'이 믿음인 시대다.

엘리야는 하나님으로부터 직접 계시를 받았다. 엘리야 앞의 사람들은 의심과 고민을 했다. 지금부터 갈멜 산의 스토리를 이스라엘 사람들, 특히 엘리야로부터 직접 명령을 들었을 사람이 되어 아무개들을 살펴보려고 한다. 그들을 움직인 동기가 무엇이었을까.

열왕기상 18장의 기록처럼 갈멜 산에서 대결이 시작됐다. 바알 선지

자 450명과 아세라 선지자 400명이 산에서 '통성기도'를 시작했다. 바알과 아세라가 참된 신으로 인정받으려면 반드시 갈멜 산에서 가시적으로 나타나야 했다. 기도만으로는 부족했는지 방방 뛰기 시작했다(26절). 아침부터 시작된 광란의 기도는 정오를 향해 치닫는다. 그 '생쇼'를 지켜보던 엘리야의 유머 감각은 탁월했다.

> "정오에 이르러는 엘리야가 그들을 조롱하여 이르되 큰 소리로 부르라 그는 신인즉 묵상하고 있는지 혹은 그가 잠깐 나갔는지 혹은 그가 길을 행하는지 혹은 그가 잠이 들어서 깨워야 할 것인지 하매 (왕상 18:27)"

엘리야의 말을 들었는지, 선지자들은 결국 최후의 카드를 꺼내 들었다. 급기야 그들은 자해를 하기 시작했다(28절). 그들의 모습이 어떻게 보일지 상상해 보자. 방향이 잘못된 기도, 해석이 잘못된 순종은 누군가에게 이렇듯 광란으로 보일 것이다.

이제 엘리야의 차례다. 그는 먼저 무너진 여호와의 제단을 수축했고(repaired), 과거에 하나님이 야곱에게 하셨던 일을 이스라엘 백성들에게 상기시켰다(30-31절). 엘리야가 했던 일이 이것이다.

제단은 하나님의 임재, 현현을 상징한다. 아벨, 노아, 아브라함, 야곱 등 직접 계시를 받은 사람들에게 제단은 신의 현현을 상징하는 장소다. 그곳에서 야훼가 과거에 했던 일들을 상기했다. 지난 시간 동안 야훼가 어떻게 이스라엘과 함께 했는지 차근차근 되돌아보라는 말이다. 기도는 행위와 형식의 문제가 아니라 방향과 해석의 문제라는 것을 엘리야는 보여 준다.

엘리야는 하나씩 준비했다. 그 일을 수행하기 위해 도울 사람들을 불렀다. 무리 속에 있던 당신을 불러 엘리야가 도움을 청한다고 상상하자. 어떤 도움인지 30-40절을 보면 구체적으로 나와 있다. 무엇을 해야 하는가? 무너진 제단을 고쳐야 하고, 돌 열두 개를 찾아서 쌓아야 했다. 그게 끝이 아니다. 도랑을 파야 했고, 예정에 없는 나무를 베어 장작으로 쌓게 했다.

이 과정을 거치려면 어느 정도의 시간과 에너지가 필요한가? 끝이 아니다. 송아지를 찾아와야 한다. 그리고 그 위에서 토막을 내어야 한다. 빼먹은 것이 있다. 이곳의 날씨는 시베리아나 알래스카가 아니라는 것을 명심하라! 이때 우리의 한계를 깨는 명령이 되풀이 된다. "통(barrel) 넷에 물을 채워다가 번제물과 나무 위에 부으라(왕상 18:33)."

통이라고? 배럴이다. 유가(油價) 관련 뉴스에 언급되는 그 배럴이다. 배럴에 대한 상상은 당신의 몫이지만 적어도 1.5리터 페트병이 아닌 것은 분명하다. 이 상황을 댈러스신학교의 교육학 대가 하워드 헨드릭스(Howard G. Hendrix) 박사는 이렇게 재구성했다. 갈멜 산 꼭대기에서 물을 채우기 위해서 갈 수 있는 가장 가까운 곳은 지중해다. 그 거리를 구글 지도를 통해 측정할 수 있다.

해발 516미터인 갈멜 산(Mount Carmel)에서 항구 하이파(Haifa Port)까지 자동차 도로는 24.2킬로미터이고, 약 30분이 소요된다. 사실, 오늘날 엘리야가 기적을 행했다고 알려진 지역은 저 지점에서 훨씬 더 내류으로 들어가야 한다. 그러나 편의상 산꼭대기를 기준으로 생각해 보자. 자동차

갈멜 산에서 항구 하이파까지의
자동차 경로(좌)와 도보 경로(우)

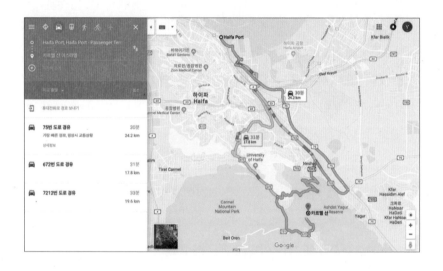

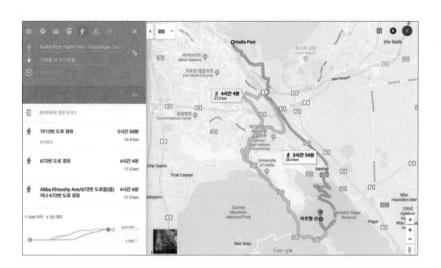

는 한참 돌아가게 마련이지만 걸어서 직선과 가까운 지름길을 도보로 이동한다면 16.4km이고, 3시간 54분이 소요된다. 물론 '쉬지 않고'라는 단서가 붙는다. 산술적으로 계산하면 왕복 7시간 48분이 걸린다. 조건이 있다면 쉬지 않고, 오르막과 내리막 차이를 두지 않으며, 물 긷는 시간을 빼고 저렇게 걸린다. 이제 배럴 네 통에 물을 채워서 왕복을 움직인다면 7시간 48분에서 얼마나 더 길어질까?

이것이 해석, 고민, 판단의 과정이다. 그럼에도 불구하고 마음을 잡고, 그 일을 해냈다! 정말 잘 견뎠다. 대단하다. 그때 엘리야가 다음과 같이 말한다. "또 이르되 다시 그리하라(왕상 18:34)." 참아야 하느니라! 참아야 한다. 똑같은 일을 다시 반복한다면 모르고 할 때와 알고 반복할 때는 느낌이 다르다. 다시 하라고 하는 지침에 대해 아무개들은 고민의 과정이 필요하지 않았을까?

그들은 묵묵히 지난한 일을 다시 감당했다. 와우! 그때 엘리야는 이런 말을 한다. "세 번째로 그리하라(왕상 18:34)." 이때 독자가 느끼는 감정은 무엇일까? 당신이 이 상황이라면 어떤 판단을 내리겠는가? 이런 상황에 처한 경험이 없는가?

많은 직장인이 하루에도 열두 번씩 사표를 가슴속에 품고 살아간다. 시지프스 신화에 나오는 상황처럼 힘들게 바위를 밀고 올라갔지만 다시 굴러떨어진 바위를 향해 내려가는 그 기분은 사회에서 늘 겪는 일이다. 어쩌면 다시 입사지원서를 쓰는 우리 사회의 젊은이들일 수 있고, 실패한 시험 결과를 받아 들고 다시 공부를 시작해야 하는 수험생일 수도 있다. 어렵게 빚을 갚았는데 생각지 않은 빚더미에 다시 올라가는 가장이거나, 계획대로 살아온 것 같은데, 어느 순간 낭떠러지 앞에 선 것과 같은 절망감을 느끼는 가장일 수도 있다. 어떻게 해야 할까. 우리는 어떤 선택을 내려야 하는가?

인문학으로 성경 읽기 | 변화

하워드 헨드릭스 박사의 재구성을 보면서 갈멜 산 승리의 비결은 엘리야의 능력이 아니었다. 그는 우리와 똑같은 사람이었다(약 5:17). 엘리야는 도구일 뿐, 저자가 주목하는 대상은 이 힘겨운 과정을 세 차례 반복한 사람들에게 있음이 분명하다. 그렇지 않으면 그저 '물을 떠왔다'는 정도로 한 번만 서술해도 충분하지 않은가.

갈멜 산과 지중해를 세 차례 반복하던 아무개들의 이름은 알 수 없다. 분명한 것은 성경은 그들을 기억하고 있었다. 그것만큼 우리에게 영광스러운 일이 또 있을까? 베드로나 바울과 같은 유명한 사도들은 아닐지라도 로마서 16장에서 바울에 의해 한 명 한 명 이름이 호명되는 사람들에게 그것보다 더 큰 영광은 없을 것이다.

지금도 갈멜 산 위에서 세 번째 지중해로 향해야 하는 것 같은 고통을 느끼는 분들에게 장석주 시인의 〈밥〉이라는 시를 바친다. 여러분이 '밥' 때문에 겪는 고통은 하찮지도, 세속적이지도 않다. 당신은 숭고한 일을 감당하고 있으며 갈멜 산의 기적을 만들고 있음에 틀림없다.

밥

- 장석주

귀 떨어진 개다리 소반 위에 / 밥 한 그릇 받아놓고 생각한다.

사람은 왜 밥을 먹는가. / 한 그릇의 더운 밥을 먹기 위하여

나는 몇 번이나 죄를 짓고 / 몇 번이나 자신을 속였는가?

밥 한 그릇의 사슬에 매달려 있는 목숨 / 나는 굽히고 싶지 않은 머리

를 조아리고

마음에 없는 말을 지껄이고 / 가고 싶지 않은 곳에 발을 들여 놓고

잡고 싶지 않은 손을 잡고 / 정작 해야 할 말을 숨겼으며

가고 싶은 곳을 가지 못했으며 / 잡고 싶은 손을 잡지 못했다.

나는 왜 밥을 먹는가, 오늘 / 다시 생각하며 내가 마땅히

했어야 할 양심의 말들을 / 파기하고 또는 목구멍 속에 가두고

그 대가로 받았던 몇 번의 끼니에 대하여 / 부끄러워 한다. 밥 한 그릇

앞에 놓고, 아!!

나는 가룟유다가 되지 않기 위하여 / 기도한다. 밥 한 그릇에 /

나를 팔지 않기 위하여.

우리는 텍스트를 기준으로 콘텍스트를 살아가는 사람들이다. 콘텍스트를 살아갈 힘과 확신을 텍스트에서 얻는다. 텍스트가 우리를 기억한다면 얼마든지 콘텍스트를 살아갈 수 있다. 열왕기상의 저자는 분명히 갈멜산의 '그들'을 기억한다.

예수께서 가장 먼저 행하신 기적은 가나 혼인 잔치의 기적이다. 이 사

인문학은 성경을
어떻게 만나는가

건 역시 우리의 시선은 예수께 향해 있다. '물이 변하여 포도주 됐네'라는 찬양을 어릴 때부터 불렀다. 예수께서 물로 포도주를 만드셨듯이 나도 변화시켜 달라는 그런 메시지가 남아 있다.

그러나 갈멜 산 사건처럼 읽어 보자. 요한복음 2장 1-4절에 기록된 가나 혼인 잔치에서 그만 포도주가 떨어졌다. 기뻐해야 하는 잔치는 초상집 분위기로 바뀔 터였다. 5절부터 9절까지 이런 이야기가 펼쳐진다. 마리아는 하인들에게 예수께서 무슨 말씀을 하시든지 행하라고 분부한다(5절). 그곳에 돌 항아리 여섯 개가 있었다. 플라스틱 항아리가 아니다! 예수께서 그들에게 물을 채우라고 했을 때 하인들은 아구까지 채웠다(7절). 가나에서 도대체 그 시간에 어디서 돌 항아리에 물을 채운다는 말인가. 우리는 기적을 행하신 예수만 기억할지도 모른다. 그러나 요한복음을 기록하는 저자는 분명히 누구를 기억하고 있었는지 알 수 있다.

> "연회장은 물로 된 포도주를 맛보고도 어디서 났는지 알지 못하되 물 떠온 하인들은 알더라(요 2:9)"

토론을 위한 질문

1. 내가 언제 가장 하찮고 무가치해 보이는가? 그런 마음이 들 때, 나는 무엇을 하고 어떻게 시간을 보내는가?
2. 내가 의미 있는 사람이라고 생각될 때는 언제인가? 왜 그런가?

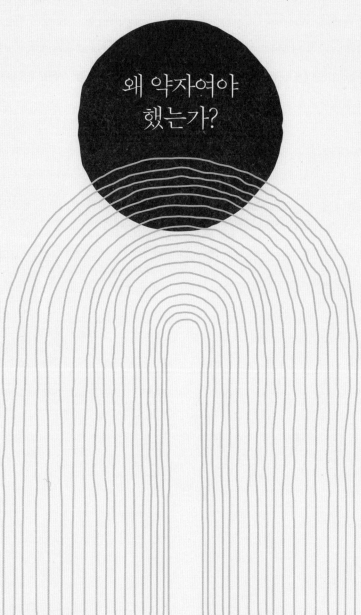

왜 약자여야
했는가?

하나님이 이스라엘 민족을 선택한 이유는 가장 연약한 존재들이었기 때문이다. 약자들을 통해 하나님이 자신의 존재를 드러내셨다. 그것은 언제나 하나님이 일하시는 방식이었다. 이 명제야말로 우리의 약한 존재가 위기에서 기회로 변화되는 지점이다. 우리의 연약함을 통해 하나님이 원하시는 것은 무엇일까? 과거의 연약함은 현재를 어떻게 바꾸었는가?

왜 약자여야 했는가?

구약은 이스라엘 역사책처럼 느껴진다. 과거에 이스라엘이 전쟁에서 이기고 지는 사건이 현재 나에게 어떤 의미가 되는지 잘 모르겠다. 그러나 이스라엘이 의미하는 바가 무엇인지 알게 된다면 상황은 달라진다.

이스라엘은 우리의 운명과 많이 닮아 있다. 절망과 두려움의 연속이다. 흥미로운 것은 이스라엘이 평안할 때는 풍랑이 없을 때가 아닌 풍랑을 극복하는 내적 능력이 있을 때였다. 이스라엘처럼 우리도 절망의 현실을 통과하지만 현실에 대해 의미를 부여하는 것은 개인마다 다르고, 그래서 반응도 다르다. 절망 자체를 제어할 수는 없지만 그것에 대한 의미와 반응은 우리들이 얼마든지 선택할 수 있다. 두려움은 상수다. 두려움에 대처하는 것이 변수다. 따라서 선택은 우리의 몫이며, 두려움 속에서도 선택할 수 있는 것은 많다. 이스라엘은 우리에게 어떻게 소통하는가?

이스라엘 역사에서 빼놓을 수 없는 것이 전쟁이다. 아벨이 가인에게 괴롭힘을 당했고, 야곱이 에서로부터 위협을 당한 이래로 이스라엘 백성들은 언제나 다른 민족과 갈등을 겪어 왔고, 전쟁은 일상이 되었다. 이스라엘은 전쟁에서 언제나 열세였다. 병력이 열세였든, 무기가 열세였든 대부분의 경우가 그랬다. 왜 이스라엘은 항상 약자였을까? 하나님이 그들을 약자로 남게 하신 이유는 이렇다.

> "여호와께서 너희를 기뻐하시고 너희를 택하심은 너희가 다른 민족보다 수효가 많기 때문이 아니니라 너희는 오히려 모든 민족 중에서 가장 적으니라 여호와께서 다만 너희를 사랑하심으로 말미암아, 또는 너희의 조상들에게 하신 맹세를 지키려 하심으로 말미암아 자기의 권능의 손으로 너희를 인도하여 내시되 너희를 그 종 되었던 집에서 애굽 왕 바로의 손에서 속량하셨나니 그런즉 너는 알라 오직 네 하나님 여호와는 하나님이시요 신실하신 하나님이시라 그를 사랑하고 그의 계명을 지키는 자에게는 천 대까지 그의 언약을 이행하시며 인애를 베푸시되 그를 미워하는 자에게는 당장에 보응하여 멸하시나니 여호와는 자기를 미워하는 자에게 지체하지 아니하시고 당장에 그에게 보응하시느니라 그런즉 너는 오늘 내가 네게 명하는 명령과 규례와 법도를 지켜 행할지니라(신 7:7-11)"

이것이 이스라엘을 택하신 목적이다. 그들은 세상에서 가장 작고 연약한 민족이었다. 하지만 세상에서 가장 강력한 나라였던 이집트로부터 탈출했고, 가나안에 정착한 도시 국가들과의 생존 경쟁에서 승리했다. 이

인문학은 성경을
어떻게 만나는가

스라엘의 배후에 야훼가 존재하고 있다는 것을 역사 속에서 증명해 냈다.

캠브리지대학교 역사학과 존스(A. H. M. Jones) 교수에 따르면, 이스라엘 왕국을 표현하는 두 형용사는 Superstitious와 Backward다. 이스라엘은 객관적으로 봤을 때, '미신적'이고 '후진' 나라였다. 이스라엘은 초강대국 사이에 위치해 있다. 설상가상으로 팔레스타인의 주변 국가들도 이스라엘보다 강하다. 철기 문명을 들여온 전사(戰士)의 나라 블레셋, 탁월한 건축술을 가진 에돔, 최초로 알파벳을 고안한 페니키아 외에도 아람, 모압 등이 주변에 국경을 맞대고 있었다. 이스라엘이 존재할 수 있는 유일한 근거는 하나님뿐이다.

그런 운명을 묘사하는 사사 시대의 역설은 다음과 같다.

> "에홋 후에는 아낫의 아들 삼갈이 있어 '소 모는 막대기'로 블레셋 사람 육백 명을 죽였고 그도 이스라엘을 구원하였더라(삿 3:31)"
> "삼손이 '나귀의 새 턱뼈'를 보고 손을 내밀어 집어들고 그것으로 천 명을 죽이고(삿 15:15)"

이 구절이 당시 사회적 통념에 비교하면 얼마나 웃음이 나는 장면인가. 삼갈과 삼손이 상대했던 블레셋 사람들은 민간인이 아니라 전투에 최적화된 전사들이다. 반면 삼갈과 삼손은 군인이 아니라 종교 지도자로 부름을 받은 일종의 '성직자'다. 그런 사람이 특수부대 군인들을 600명, 1천 명을 죽인 것과 같은 상황이다.

그렇다면 이스라엘 백성들에게 전쟁은 어떤 의미가 있을까? '이스라엘'이라는 이름 속에 그 답이 포함되어 있다. 이스라엘은 하나님이 야곱에게 새롭게 주신 이름으로 '하나님과 겨루어 이기다'라는 사전적 의미를 갖고 있다.

그러나 예수 시대의 알렉산드리아 철학자 필로(Philo)는 이스라엘이 승패를 가리기 위한 용어가 아니라고 풀이했다. 예를 들어, '자식 이기는 부모 없다'는 말 역시 부모와 자식 간에 승부를 판가름한다는 의미가 있는 것은 아니다. 자식을 위한 부모의 '희생'을 드러내는 말이다. 이스라엘이라는 단어 속에는 하나님이 자신의 이름을 걸고 그들을 지키겠다는 의미가 담겨 있다고 보았다. 하나님의 목적과 의도가 여기에 있다. 텍스트에 기록된 하나님의 의도가 지금도 우리에게 유효할까? 나는 유효하다고 믿는다. 이 부분을 아무개들과 공감해 보자.

벤치마킹하기 눈물과 분노, 절박함

앗수르가 사마리아를 멸망시키고 예루살렘을 포위하던 시기에 남유다는 히스기야 왕이 통치했다. 왜 유다는 이런 위기를 겪었는가? 구약 성경은 온 나라가 우상 숭배로 가득했다고 지적한다. 권력자들에게 우상 숭배는 성공 경쟁을 위한 수단이었고, 민초들에게는 생존 경쟁을 위한 선택이었다. 우리들이 생존 경쟁을 한다고 하지만 엄밀히 말하면 생존이 아니라 성공 경쟁이다.

반대로 이 당시 이스라엘의 민초들은 기근과 굶주림으로 생존 자체에 위협을 받던 시기였다. 사회적 약자들에 대한 배려 없이 고혈을 빨아들이는 권력자들로 인해 민중들은 지푸라기라도 잡지 않으면 한순간도 버틸

여력이 없는 갈대 같은 사람들이었다. 그들이 생존 경쟁에 내몰렸다면 우상 숭배를 탓하기 전에 왜 그들은 '우상 숭배라도' 해야 했었는지 살펴보는 것이 우선일 것이다.

이렇게 생각한다면 유대 민중들이 벼랑 끝에서 할 수 있었던 몸부림은 우상 숭배라는 형태가 아니었을까? 사르밧 과부처럼 이제 생애를 마감하려고 마음먹은 사람들에게 엘리야는 우상 숭배를 운운하지 않았고, 기도만 하지도 않았다. 아무개들의 절박함을 이해하지 못하는 종교에는 생명력이 깃들 수 없다. 내가 믿는 종교는 어떤가?

1894년에 동학농민운동이 갑오개혁을 일으켰다. 탐관오리들의 횡포와 압제에 맞서 농민들이 저항을 일으켰다. 체제 붕괴를 앞둔 조선의 조정은 이들을 진압할 능력이 없어서 청나라에 도움을 요청한다. 청나라 군대가 한반도에 파병되었을 때, 일본은 '톈진 조약'을 구실로 내세워 일본군을 파견했고, 이는 청일 전쟁으로 이어졌다. 청일 전쟁에서 승리한 일본은 동학농민운동을 잔혹하게 진압했다. 농민들의 손에는 쟁기와 곡괭이가 들려져 있었고, 일본군은 기관총으로 무장했다. 200명의 병력으로 10만 명을 학살했던 처참한 순간이다. 그것은 전쟁이 아니라 차라리 학살이었다.

동학농민들이 우금치 전투에 참가할 때 몸에 부적을 붙였다는 기록이 있다. 쟁기를 들고 기관총에 맞서야 했던 우리 민족이 할 수 있는 유일한 방편이었다. 몸에 부적을 붙이면 총알이 피해간다는 믿음이 퍼졌기 때문이다. 만일 이때 부적을 붙이는 사람들에게 우상 숭배를 운운한다면 그것이 종교일 수 있을까? 그러한 종교에는 생명력이 없는 것이 맞다.

그런 절망적인 사람들이 바로 앗수르 침공에 직면해서 예루살렘 성벽을 지켜야 했던 이스라엘 병사들, 그런 아무개들이다. 오히려 앗수르의 침공에 무기력하게 아무 것도 하지 않았던 인물이 히스기야 왕이다. 권력자들이 무력하게 지내는 동안 성벽의 병사들은 동족의 성읍들이 하나둘씩 함락되는 과정을 지켜봤다.

앗수르 군대는 살인 기계다. 그들의 전략은 싸우지 않고 항복을 받아내는 것이다. 한 도시를 침공하면 포로들을 잔혹하게 '분해'한다. 토막을 내고, 가죽을 벗기고, 해골로 산을 쌓으면 점령 지역은 피가 강이 되어 흐른다. 그것을 전해들은 이웃 도시는 항복하는 것 외에 다른 옵션이 없다. 앗수르의 그런 잔혹함을 하나님도 아셨다. 나훔 선지자는 그들의 악함을 경고했다. 그게 앗수르다.

옆의 사진은 대영박물관 앗수르 관련 부조에 새겨진 장면을 담았다. 이 부조는 히스기야 때보다 앞선 예후 왕 시대의 부조이지만 히스기야가 얼마나 두려움에 떨었는지를 짐작할 수 있는 자료다. 앗수르의 사신이 이스라엘에 왔을 때, 머리를 땅에 대고 납작 엎드린 예후 왕의 모습이 마음을 먹먹하게 한다. 사신 앞에는 태양과 달을 상징하는 문양이 공중에 떠 있는데, 이것은 앗수르의 신들이다. 즉, 앗수르의 신이 이스라엘의 신보다 강력했음을 이렇게 표현한 것이다.

앗수르에게 납작 엎드린 예후 왕의 모습은 청나라 황제에게 납작 엎드렸던 인조 임금을 연상시킨다. 병자호란 때 남한산성으로 도피한 인조는 47일만에 항복하고 나와서 청나라와 굴욕적인 조약을 맺었다. 그 과정에서 인조는 청태종 앞에서 세 번 무릎을 꿇고 아홉 번 머리를 조아리는 '삼궤구고두례'의 치욕을 맛보았다. 47일간 남한산성에서는 주화파와

주전파 간의 격렬한 논쟁이 있었다. "차라리 만고의 역적이 되더라도 나라를 망하는 자리에 둘 수 없습니다"라고 주화파 최명길이 말했다. "임금의 욕됨이 극에 달했는데, 신하의 죽음은 어찌 이리 더딘가?"라고 주전파 김상헌이 반박했다.

남한산성에서의 논쟁은 무엇이 충인지, 무엇이 역인지 구별되지 않는 공간이었다. 주전파의 주장은 비현실적인 정의였고, 주화파의 주장은 현실적인 굴욕이었다. 그 대가로 인조는 아홉 차례 절하는 것으로 끝났을지 모르지만 50만 명의 민중들이 청나라로 잡혀갔고, 포로로 잡혀간 이들 중 여성들은 타향에서 능욕을 당했다. 그것이 민중들이 겪은 현실이었다.

다음은 항전을 주장하던 예조판서 김상헌이 청나라로 잡혀 가면서 쓴 시조다. 우리 역사를 생각한다면 결코 이 시조는 하나의 문학 작품이 아니라 감정과 정서가 담긴 삶의 애환이다.

> 가노라 삼각산아 다시 보자 한강수야
> 고국산천을 떠나고자 하랴마는
> 시절이 하 수상하니 올 둥 말 둥 하여라 _ 김상헌

학창 시절에 접했던 시조인데, 마음에 눈물과 분노 한 줌이 고인다. 우리의 역사를 보면 눈물과 분노가 교차하지만 성경의 전쟁 내용은 아무런 감정의 동요도 일어나지 않는 스토리로 인식하는 경우가 많다. 우리가 벤치마킹을 하지 않기 때문이다.

앗수르 침공 텍스트에서 시선을 히스기야에게 향한 채 '히스기야의 기도'를 기억하며 그 기도를 우리의 현실에서 응답받는 '도구'로 받아들인다

면 텍스트는 과거의 이야기에 머물 뿐이다. 이제 벤치마킹을 통해 아무 개들의 눈으로 현실을 살펴보자. 히스기야가 기도를 하기 전에 의도했던 행위는 이랬다. "히스기야가 라기스로 사람을 보내어 앗수르 왕에게 이르되 내가 범죄하였나이다(왕하 18:14)." 히스기야는 인조처럼 무릎을 꿇을 시나리오로 가지고 있었다. 그러나 그것으로 끝이 아니다.

> "그들이 왕을 부르매 힐기야의 아들로서 왕궁의 책임자인 엘리야김
> 과 서기관 셉나와 아삽의 아들 사관 요아가 그에게 나가니 랍사게가
> 그들에게 이르되 너희는 히스기야에게 말하라 대왕 앗수르 왕의 말
> 씀이 네가 의뢰하는 이 의뢰가 무엇이냐 네가 싸울 만한 계교와 용력
> 이 있다고 한다마는 이는 입에 붙은 말 뿐이라 네가 이제 누구를 의뢰
> 하고 나를 반역하였느냐 이제 네가 너를 위하여 저 상한 갈대 지팡이
> 애굽을 의뢰하도다 사람이 그것을 의지하면 그의 손에 찔려 들어갈
> 지라 애굽의 왕 바로는 그에게 의뢰하는 모든 자에게 이와 같으니라
> (왕하 18:18-21)"

히스기야가 범죄했다고 읍소했음에도 앗수르 사신들은 유다를 더 능욕하고 위협한다. 심지어 유일한 희망인 이집트 원군도 조롱을 받는 상황이라면 히스기야나 이스라엘 사람들이 할 수 있는 일은 아무 것도 없다. 앗수르 사신들의 위협을 직접 듣는 이스라엘 병사라면 절망 외에는 선택의 여지는 없다.

이런 극한의 상황에서 히스기야는 하나님께 기도를 했고 그 유명한 히스기야의 기도가 등장한다(왕하 19:14-19). 그러나 우리가 성벽 위의 이스

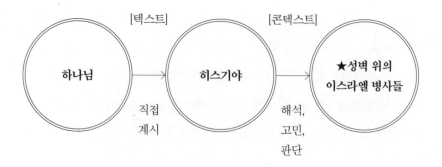

라엘 병사라면 이 상황을 어떻게 해석, 고민, 판단할 수 있겠는가?

이 상황에 처해 있다면 우리가 주목해야 하는 인물이 보인다. 그들이 할 수 있는 판단은 무엇이었을까?

공감하기 이기게 하는 힘

공감사전
이생망
'이번 생은 망했어'라는 말을 줄인 말로써 자신의 인생을 한탄할 때 주로 사용함

성벽 위의 이스라엘 병사라면 눈앞의 앗수르 군대가 침공하자 죽음을 직감했을 것이다. 성벽 위에서 여러 생각이 스쳐갔을 것이다. 자신들도 다른 정복당한 사람들처럼 목이 잘리고, 가죽이 벗겨지고, 자신의 해골이 산처럼 쌓이는 장면을 상상했을 것이다. 항복을 해야 할까, 항전을 해야 할까. 하나님을 의지하자는 주장은 비현실적인 정의였고, 항복하자는 것은 현실적인 굴욕이었지만, 항복은 유일한 선택처럼 보인다.

이해할 수 없는 것은 고난 앞에서 '발휘'되어야 할 신앙은 평온한 순간

에는 호들갑을 떨다가 발휘되어야 할 순간에는 자취를 감추고 만다. 절망에 직면한 우리의 삶은 정말 '이생망'인가? 유다 백성들이 성벽에서 이탈하지 않고 끝까지 그 자리를 지킬 수 있었던 비결은 무엇이었을까? 히스기야가 기도했을 때 태양이 거꾸로 움직이거나 질병이 낫는 기적이 원동력이 아니었다. 생각해 보라. 우리를 절망 속에서 건져 내는 근거는 기적이 아니다. 신앙의 기초가 기적을 기반으로 할 때, 기적이 사라지고, 기억에서 멀어지면 신앙도 사라진다. 그래서 더 큰 기적, 더 큰 자극을 갈구하는 순환이 반복된다. 고난 앞에 기적과 자극은 어떤 역할을 감당하는가?

시련의 순간을 이기게 하는 힘은 텍스트다. 평소에는 무의미해 보이던 구절이나 찬송가 가사가 마음을 파고드는 것은 텍스트가 가진 능력이기 때문이다.

"히스기야가 사자의 손에서 편지를 받아보고 여호와의 성전에 올라가서 히스기야가 그 편지를 여호와 앞에 펴놓고 그 앞에서 히스기야가 기도하여 이르되 그룹들 위에 계신 이스라엘의 하나님 여호와여 주는 천하 만국에 홀로 하나님이시라 주께서 천지를 만드셨나이다 여호와여 귀를 기울여 들으소서 여호와여 눈을 떠서 보시옵소서 산헤립이 살아 계신 하나님을 비방하러 보낸 말을 들으시옵소서 여호와여 앗수르 여러 왕이 과연 여러 민족과 그들의 땅을 황폐하게 하고 또 그들의 신들을 불에 던졌사오니 이는 그들이 신이 아니요 사람의 손으로 만든 것 곧 나무와 돌 뿐이므로 멸하였나이다 우리 하나님 여호와여 원하건대 이제 우리를 그의 손에서 구원하옵소서 그리하시면 천하 만국이 주 여호와가 홀로 하나님이신 줄 알리이다 하니라(왕하

19:14-19)"

성벽 위의 이스라엘 병사들에게 남은 선택은 두 가지 뿐이다. 항복하든지, 아니면 고민스럽기는 하지만 히스기야의 기도를 의지하든지 두 가지 선택만 남았다. 고통 한가운데 있는 독자들에게 히스기야의 기도가 힘이 될 수 있기를 소망한다.

우리를 힘들게 하는 것은 우리 앞에 있는 위협 그 자체가 아니다. 그것보다 훨씬 더 무섭고 절망케 하는 것은 그것으로 인해 우리가 써 내려가는 백만 가지의 시나리오다. 같은 현실에 대해서 다른 의미를 부여하고 다른 반응을 하는 것이 살아 있는 텍스트의 힘이다. 우리의 현실이 아무리 어려워도 성벽에 있던 병사들보다 어렵지는 않을 것이다. 무엇이 그들로 하여금 그 자리에 있게 했는가?

인문학으로 성경 읽기 **텍스트에 대한 태도**

앗수르 병사들에게 포위된 그날 밤은 좀처럼 잠이 오지 않았을 것 같다. 포위된 상황 자체보다 그날 이후 자신과 가족들이 겪을 운명에 대한 상상이 더 절망스럽기 때문이다. 놀랍게도 다음 날 아침에 믿지 못할 광경이 펼쳐졌다.

"이 밤에 여호와의 사자가 나와서 앗수르 진영에서 군사 십팔만 오천 명을 친지라 아침에 일찍이 일어나 보니 다 송장이 되었더라(왕하

19:35)"

이처럼 말도 안 되는 사건이 그들 눈앞에 일어났다. 18만 5천 명이면 대한민국 경찰들보다 많다. 참고로 로마군 총 병력은 60만 명이었다. 고대 시대에 엄청난 병력이 하루아침에 죽어 시체들로 뒤덮인 이야기는 생존자들에 의해 분명히 퍼졌을 것이다. 역사의 아버지 헤로도토스는 이런 이야기를 전해 들었다. "예루살렘을 포위한 앗수르 진영에 전염병이 돌아서 앗수르 군대는 퇴각했다." 피투성이가 되어 엄청나게 쌓인 시체에 대해 생존자들은 '전염병'이라고 말했던 것 같다. 그것이 구전이 되어 헤로도토스에게 그렇게 들렸으니 말이다. 성경에서는 여호와의 사자(천사)가 그들을 쳐서 죽였다고 하는데, 천사들은 눈에 보이지 않기 때문이다.

영국 런던의 대영박물관 10C관에는 앗수르의 침공과 관련된 유물들이 전시되어 있다. 그중에는 역사 기록과 앗수르 침공 당시 공성전에 사용되었던 무기들이 포함되어 있다. 그 역사 기록에 이런 글이 담겨 있다.

당시 히스기야가 앗수르의 멍에에 굴복하지 않았던 까닭에 산헤립은 46개 유대 도시를 점령했고, 20만 150명의 유대 포로를 잡아갔다. 히스기야는 예루살렘에 고립되었다. [18]

그러나 그곳에 적군이 도착했을 때, 들쥐 떼가 밤에 그들의 화살통들과 활들과 방패의 손잡이를 갉아먹기 시작했다. 그래서 다음날 적군

---

18) 이종수, 『대영박물관에서 만나는 성경의 세계』 (예영커뮤니케이션, 2000), 50.

은 무기도 없이 도주할 수밖에 없었고, 군사들이 많이 쓰러졌다(『역사』 2권 141절)[19]

　　그곳에 전시된 공성전 무기들은 성벽을 지키던 이름 모를 병사들도 봤을 그런 무기들일 것이며, 앗수르의 기록물이므로 '전멸', '궤멸' 같은 단어를 쓰지 않았을 것이다. 강대국의 자존심이 작용했는지 모른다. 다만 밤새 쥐떼가 무기를 갉아먹어서 군대가 철수한 것으로 기록하고 있지만, 후퇴할 수밖에 없는 큰 사건이 있었던 것은 분명해 보인다. 헤로도토스가 언급한 전염병이든지, 앗수르가 기록한 쥐떼에 의해서든지 분명한 것은 강력한 군대는 그날 밤 이후로 퇴각했다. 타임머신을 타고 가서 확인하지 않는 한 정확한 것은 알 수 없지만 그날 밤에 무슨 일이 일어났고, 예루살렘은 회복됐다.

　　성경에서는 그날 밤 천사가 앗수르의 군대를 궤멸시켰다고 기록한다. 반면 앗수르 군대의 생존한 병사들은 전염병에 걸린 아군의 시체들만 보았다. 이것은 무슨 뜻일까? 세인들에게 밧모 섬은 유배 장소였지만 요한에게 그곳은 영광스러운 예배 처소였던 것처럼 같은 현실이지만 보는 사람에 따라서 전혀 다르게 보인다. 아마도 텍스트에 대한 우리의 태도 때문일 것이다.

　　　"누가 정죄하리요 죽으실 뿐 아니라 다시 살아나신 이는 그리스도 예수시니 그는 하나님 우편에 계신 자요. 우리를 위하여 간구하시는 자

19) 헤로도토스/ 천병희 역, 『역사』(도서출판 숲, 2017), 246.

시니라. (롬 8:34)"

부디 이 구절이 당신에게도 보이기를 소망한다.

토론을 위한 질문

1. 실제로는 아무 일이 아니었지만 생각이 꼬리에 꼬리를 물어서 더 힘들었던 기억은 언제인가?
2. 같은 시련이지만 내면 상태에 따라 전혀 다르게 반응했던 적이 있었는가?

인문학은 성경을
어떻게 만나는가

공감 포인트

8

재산과 권력을
버리고
돌아갈 수 있는가?

바벨론-페르시아 제국

믿음의 좋고 나쁨을 구별짓는 기준은 무엇인가? 인위적인 잣대로 믿음을 판단할 수 있을까? 많은 사람이 재산과 권력을 믿음의 결과라고 판단하며, 간증의 소재로 삼고는 한다. 그런 까닭에 믿음은 이런 것들을 얻기 위한 수단으로 전락했다. 이런 현상과 정반대의 선택을 했던 사람들은 누구였을까? 왜 그들은 재산과 권력을 기꺼이 버리려고 했는가?

재산과 권력을 버리고
돌아갈 수 있는가?

우리의 신앙은 사적인가, 공적인가? 무 자르듯 규정하기가 쉽지 않지만 개인의 영역을 돕는, 이를테면 수호천사나 램프의 요정 같은 의미로 신앙을 이해하곤 한다. 그리스 신들을 섬기던 사람들에게 신앙은 철저히 개인적 영역이었다. 그들은 평소에 어떻게 살건 관계없이 신전에서 신을 위한 제의를 지내면 그것으로 끝이다. 우리의 신앙도 그런가?

일상에서 어떻게 살건, 종교적 관행을 충실히 하면 나는 훌륭한 신앙인인가? C. S. 루이스가 말하기를 신앙생활을 하는 자신이 굉장히 괜찮은 사람이라고 인식한다면 그것은 악한 생각이라고 말한다. 우리의 신앙, 선택, 이상은 어떤가?

이스라엘은 수백 년간 열강의 지배를 받으며 주권을 빼앗겼다. 그리고 로마 제국의 압제를 받는 중에 예수께서 이 세상에 오셨다. 침략과 지배의 시작은 주전 722년에 있었던 앗수르의 침공으로 사마리아가 함락되면서부터 비극이 서막이 올랐다. 100년 후에 바벨론이 앗수르를 물리치고 이집트로 진격하는 길에 유다를 함락했다. 주전 605년부터 586년까지 세 차례의 침공으로 수많은 유다 포로가 바벨론으로 끌려갔다.

예레미야 선지자는 포로로 잡혀간 백성들이 70년 만에 본국으로 돌아오리라는 예언을 했다. 70년간 유다 포로들은 낯선 이국땅에서 고통을 겪어야 했다. 바벨론의 공중 정원은 세계 7대 불가사의에 포함될 만큼 첨단 건축술의 결과물이었고, 바벨론의 천문학은 고대 세계에 영향을 주었다. 바벨론 포로들은 그런 '문명' 속에 있었다.

시간이 흘러 주전 539년에 신흥 강국 페르시아가 바벨론을 멸망시켰다. 페르시아의 다리오 왕이 즉위를 했는데, 다니엘 6장 1-2절에 보면 다니엘은 세 총리 중의 한 명이 되었다. 어떻게 이런 일이 있을 수 있을까? 페르시아는 관용 정책으로 통치했던 나라였다. 피지배계층도 차별 없이 공직에 오를 수 있는 파격적인 정책을 펼쳤다. 세계사에도 등장하는 내용으로서 페르시아는 역참 제도를 만들어 제국 구석구석까지 왕이 파견한 관리에 의해 통치하게 했고, 관용 정책으로 인해 피지배계층이라도 관직에 오를 수 있는 사회가 페르시아였다.

페르시아가 관용 정책의 국가였다는 것을 증명하는 자료가 발굴되었다. 바로 역사상 세계 최초의 인권선언문으로 알려진 '고레스 칙령(Cyrus Cylinder)'이다. 이 놀라운 유물을 대영박물관에서 볼 수 있다. 그 내용은 페르시아에 있는 억류된 자들에게 자유를 선언한 내용이다. 에스라 1장 1-4절에는 고레스 왕이 유대인들을 본국으로 돌아가도록 허가하고 예루

살렘 성전 재건을 승인하는 내용이 나오는데, 이 내용이 모두 고레스 칙령에 포함되어 있다. 주전 539년에 바벨론을 멸망시킨 고레스는 536년에 고레스 칙령을 발표하면서 유대인들의 자유귀환을 허락했다. 신화처럼 보았던 성경의 내용이 박물관에서 증명된 것이다.

유대인들이 고레스 칙령에 의해 70년 만에 본국으로 돌아왔다. 예레미야의 예언이 그대로 성취되었다! 유대인들은 세 차례에 걸쳐 1차는 스룹바벨, 2차는 에스라, 3차는 느헤미야에 의해 본국으로 돌아왔다. 여기서 주목할 사항이 있다. 페르시아에 거주하던 유대인들 중 본국으로 돌아온 유대인들은 10%에 불과했다. 그 말은 90%의 유대인들은 페르시아에 남기를 원했다는 말이다. 이 비율은 에스라, 느헤미야, 말라기를 이해하는 중요한 통계다. 본국으로 돌아온 10%의 유대인들은 탈출을 한 것이 아니다. 왕이 자유귀환을 허가했을 때 자원해서 본국으로 돌아온 사람들이었다. 이 상황을 재구성할 필요가 있다.

바벨론과 달리 페르시아는 관용 정책을 표방한 나라였다면 누구에게나 출세의 길이 열린 사회였다. 바벨론에 포로로 잡혀 왔던 사람들은 70년이 지나면서 그곳에서 세상을 떠났고, 생존자들은 어린 시절 예루살렘의 성전을 경험했던 노인들뿐이다. 나머지는 태어나면서 바벨론 문명을 경험하며 자란 세대들이었다. 바벨론과 페르시아는 당대에 가장 발달한 나라였고, 그곳은 치안, 안정, 부, 자녀 교육에 있어서는 세계에서 가장 탁월한 공간이다. 미국에서 태어나 아이비리그 대학을 나와서 전문직을 가지며 완벽한 영어를 구사하고, 서툰 한국어를 쓰는 한국 사람들이 한국으로 오는 것보다 미국에 남는 것을 선택하는 것이 자연스러운 것처럼,

절대 다수는 본국으로 귀환하지 않았다.

게다가 예루살렘은 바벨론 침공 이후 황무지가 되었고, 사마리아 사람들이 정착하며 위협을 가했기에 본국으로 돌아가는 것은 위험하고 고통스러웠다. 어쩌면 부모 세대는 돌아갈 수 있겠지만 페르시아에서 태어난 자녀들에게 예루살렘으로 돌아갈 것을 강요하는 것은 쉽지 않다.

만일 당신이 페르시아 한 가운데에서 요직을 차지하고, 남부럽지 않은 재산과 권력을 갖고 있다면 그 모든 것을 내려놓고 예루살렘으로 돌아가는 선택을 하겠는가? 포로귀환은 여기서 말하는 원 포인트를 이해하지 못하고서는 이해하기 어렵다.

느헤미야의 기도

고레스 칙령이 있었던 주전 536년 이후 활동했던 인물은 다니엘, 스룹바벨, 학개, 스가랴, 에스라, 느헤미야, 에스더, 말라기 같은 인물이다. 우리가 주목해야 할 인물은 그들이 아니다. 그들은 하나님의 직접 계시에 순종했던 사람들이다. 우리처럼 누군가의 명령을 듣고 그것을 해석, 고민, 판단해야 했던 사람들은 누구일까? 페르시아에 거주하던 유대인들이다. 우리가 페르시아에 거주했다면 스룹바벨, 에스라, 느헤미야를 따라 예루살렘으로 돌아왔을까? 그들을 따라 귀환한 아무개들을 살펴보자.

1차 포로귀환이 있었을 때, 본국으로 돌아왔던 사람들 중 일부는 아주 어린 시절 예루살렘의 성전을 경험한 원로들이었을 것이다. 그러나 그로

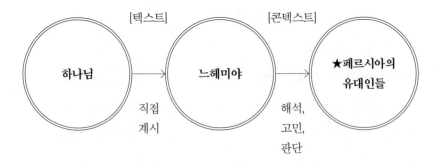

부터 80여 년이 흐른 주전 445년경, 3차 포로귀환으로 귀환했던 사람들은 페르시아에서 태어나서 자랐던 뼛속 깊이 페르시아인들이다. 그들은 왜 본국으로 가는 행렬에 동참했을까?

느헤미야 1장에서는 느헤미야가 본국으로 돌아갈 결심을 한 장면이 묘사된다. 느헤미야는 왕의 술을 담당하는 '성공한' 인물이었다. 그러나 1-2차 포로귀환으로 돌아간 동족들이 예루살렘에서 당한 고통이 느헤미야에게 전해졌다. 동족의 고통에 느헤미야는 금식하며 애통해 한 후 본국으로 돌아갈 결심을 굳힌다.

> "주여 구하오니 귀를 기울이사 종의 기도와 주의 이름을 경외하기를 기뻐하는 종들의 기도를 들으시고 오늘 종이 형통하여 이 사람 앞에서 은혜를 입게 하옵소서 하였나니 그 때에 내가 왕의 술 관원이 되었느니라(느 1:11)"

느헤미야는 고위 관리였고, 본국으로 돌아가기 위해서는 왕의 허가가 필요했다. 1차 포로귀환 때에는 고레스의 허가가 필요했지만 3차 귀환

때의 페르시아 왕은 아닥사스다 왕이었다.

그런데 이 구절을 보면 오해의 소지가 있다. 마치 '기도할 때에 술 관원이 되었다'는 것처럼 보이기 때문이다. '이 사람'은 아닥사스다 왕을 가리키는데, 마지막 구절은 영어로 이렇게 표현이 된다. "For I was the king's cupbearer." 즉, 왜냐하면 나는 왕의 술 관원이기 때문에 이 사람 앞에서 '귀환 허가'라는 은혜를 입게 해 달라고 기도를 했다.

그러나 느헤미야의 기도는 특이하다. 위의 11절에서만 '종'이라는 말이 세 번이나 나온다. 느헤미야는 페르시아에 거주하는 모든 유대인들의 선망의 대상이 아니던가. 그 자리는 왕의 신임을 받은 사람이 아니고서는 아무나 오를 수 있는 자리가 아니다. 아무리 명문대 출신이라도 개인적 신임까지 얻어야 하는 자리다. 그런 느헤미야에게 진정한 자신의 주(主)는 아닥사스다가 아니라 야훼임을 강조하고 있다. 자신은 아닥사스다의 종이 아니라 야훼의 종이라는 사실이 훨씬 더 중요했다. 무엇이 그런 기도를 가능하게 했는가?

"내 형제들 가운데 하나인 하나니가 두어 사람과 함께 유다에서 내게 이르렀기로 내가 그 사로잡힘을 면하고 남아 있는 유다와 예루살렘 사람들의 형편을 물은즉 그들이 내게 이르되 사로잡힘을 면하고 남아 있는 자들이 그 지방 거기에서 큰 환난을 당하고 능욕을 받으며 예루살렘 성은 허물어지고 성문들은 불탔다 하는지라 내가 이 말을 듣고 앉아서 울고 수일 동안 슬퍼하며 하늘의 하나님 앞에 금식하며 기도하여(느1:2-4)"

느헤미야의 기도를 바꾼 전환점이다. 느헤미야는 대략 주전 445년 무렵에 3차 포로귀환을 이끌었던 인물이다. 1차 포로귀환은 스룹바벨에 의해 주전 536년경에 이루어졌다. 그들은 예루살렘에서 성전을 재건하려고 했으나 이미 유대에 거하던 사마리아 사람들의 모진 방해로 인해 성전을 착공되자마자 16년간 중단되었다. 주전 520년이 되어서야 학개, 스가랴에 의해 성전이 완공되었다.

그때 성전과 함께 축조된 예루살렘의 성문, 성읍들은 느헤미야 시대에 또다시 주변 사람들에 의해 폐허가 되었고, 앞서 귀환했던 동족들은 극심한 고통과 슬픔에 빠져 있던 상황이었다. 느헤미야는 3차 포로귀환을 이끌었다. 그렇다면 느헤미야의 설득을 들었던 페르시아의 유대인들이 해석하고 고민해서 귀환하기를 선택했던 근거는 무엇인가? 왜 그들은 문명, 자녀 교육, 의료, 안전, 부를 버리고 예루살렘으로 갔을까?

공감하기 고통과 소외에 대하여

느헤미야에게 페르시아는 성공, 권력, 행복 그 자체였다. 기회의 땅이었다. 그는 모든 페르시아 유대 '교민'들에게는 선망의 대상이었다. 느헤미야는 하나님의 축복을 받은 사람이다. 아마 '고위 공직으로 나아

공감사전
화이트 불편러
어떤 사회의 부조리를 견디지 못하고 불의에 대해 정의롭게 나서서 자신의 주장을 펼치면서 공감을 이끌고 여론을 형성하는 사람

가는 길'이라는 주제로 초청 강연이나 입시 설명회를 열었다면 영입 1순위였을 것이다.

인문학은 성경을
어떻게 만나는가

느헤미야가 축복을 받았다면 '개인적' 축복이다. 그것이 삶의 목표인 사람들에게 신앙은 개인의 소원을 이루도록 돕는 도구다. 반면, 느헤미야의 신앙은 타인을 향하고 있다. 타인을 위해 자신의 기득권을 내려놓고 예루살렘으로 귀환하는 것을 선택했다. 그것이 느헤미야의 신앙이었다.

한 영혼의 고통과 소외에 대한 관심과 배려가 신앙의 성숙도를 나타낸다. 성령의 열매가 그렇지 않은가. 개인 영역에 제한된 채 열정적으로 집착하는 것은 감정일 뿐 신앙의 성숙이 아니다. 그런 의미에서 느헤미야는 '화이트 불편러'였다.

2020년은 대한민국 사람들에게 평생 기억에 남을 시간이다. 팬데믹으로 인해 우리는 영화에서만 보는 경험들을 했다. 사회적 거리두기, 자가 격리 같은 전에 없던 명칭들을 듣는다. 질병이 사회를 휩쓸고 지나가면서 세상이 교회를 보는 시각은 명확해졌다. 타인을 위한 배려가 없는 교회는 더 이상 교회일 수가 없다. 사회적 기준과 배려 없는 교회는 자신들의 욕망을 위해 뭉친 집단으로 밖에 보이지 않는다.

유럽 사회는 지난 2천 년간 기독교 사회였지만 성경적인 사회는 아니었다. 이것이 모순적으로 들린다. 그러나 기독교 사회였지만 성경적인 사회가 아닐 때, 예술가들은 그 간극을 고민하며 예술과 문학으로 표현했다. 수많은 작가가 교회가 성경적이지 않음을 글로 고발했고, 예술가들은 그림으로 표현했다.

동화의 왕 안데르센은 어린 시절 가난하게 자랐지만 홀로서기를 위해 누구보다 하나님께 열심히 기도했던 인물이다. 그러나 그가 신앙에 회의를 가지게 된 데에는 가난한 어린 시절부터 경험한 교회의 무관심이라는 거대한 장벽이 한몫을 했다. 안데르센 동화에 나오는 상당 부분의 이야기가 자전적 경험을 토대로 기록된 것을 알고 있는가? 『성냥팔이 소녀』에 나오는 소녀가 죽은 곳은 교회 담벼락 앞이다. 『플란더즈의 개』의 주인공 네로와 파트라슈가 교회 안에서 죽은 이유는 단순히 추위 때문만은 아니었을 것이다.

격동의 19세기말 20세기 초의 독일에서 활동했던 케테 콜비츠는 사회의 부조리와 사람들의 소외 현상과 더불어 교회의 냉대를 고발하는 작품을 많이 남겼다.

케테 콜비츠의 〈빈곤〉이라는 작품을 보면 낡고 음침한 집 침대에 아기가 누워 있고 여인은 머리를 감싸고 있다. 굶주림에 지쳐서 아기는 죽었고, 여인은 슬픔을 가누지 못한 독일의 상황을 이렇게 표현했다. 〈교회 벽 앞에서〉라는 작품에서는 가난하고 슬픔에 지친 여인이 한 손으로 얼굴을 가리고 망연자실하게 앉아 있다. 어디인지는 알 수 없지만 제목을 참고하자면 이 여인이 하염없이 앉아 있는 곳은 교회의 벽 앞이리라. 이것이 20세기에 그녀가 경험했던 사회의 현상이다. 그녀는 다음과 같은 기록을 남긴다.

> 종교적인 열정을 가지고 교회에 들어간 젊은이가 경계해야 할 점은, 교회가 사람보다 더 강력하기 때문에 그 경직된 본질이 전혀 변함없이 지속된다고 하는 점이다. 변화하는 것은 교회가 아니라 젊은이들이다. (일기, 1919년 6월)[20]

이 일기는 콜비츠의 아들 한스가 신학교에 들어가려고 했을 때 썼던 일기였다. 교회가 사람보다 더 강력한 것인가? 교회의 경직된 형태 속에 사람들도 갇혀 있어야 하는가? 그녀는 결코 기독교 신앙을 부인한 적이 없다. 경직되어 타인에 무관심해가는 교회의 냉담함에 반박할 뿐이다. 무엇이 교회이고 무엇이 신앙인가? 〈생각하는 사람〉이라는 조각을 남긴 로댕의 작품이 그것을 설명한다. 로댕의 생각에 귀를 기울여 보자.

로댕은 다음 페이지의 사진에서 보이는 작품의 제목을 〈대성당(The Cathedral)〉이라고 붙였다. 무엇이 교회인지 그는 이 작품으로 선명하게 말하고 있다. 로댕에게 교회란 고딕 양식의 웅장한 건물이나 스테인드글라스가 가미된 화려한 예배당이 아니다. 손과 손을 맞잡은 이것이야말로 교회임을 밝힌다.

느헤미야가 본국으로 돌아간 것은 '대성당'을 만들기 위해서였다. 그것이 신앙의 본질이다. 이 본질을 공감하는 아무개들이 '기회의 땅' 페르시아를 등지고 황무지 예루살렘으로 발걸음을 내딛게 되었다. 10%의 유대인들이 페르시아에서 떠날 때, 얄팍한 몇 마디의 감언이설이 통했을 리가 없다. 예루살렘이 멸망하기 전 수많은 선지자가 외쳤던 말씀, 즉 하나님은 인애를 원하고 제사를 싫어하신다는 것, 그것이 신앙의 근본임을 깨닫고 우선순위에 두는 결단을 한 사람만 움직일 수 있는 것이다. 당신이라면 그런 선택을 할 수 있었을까?

20) 카테리네 크라머/ 이순례, 최영진 공역, 『케테 콜비츠』(실천문학사, 2004), 182.

"예수 그리스도의 교회여. 시대의 징후를 읽어라. 성령의 요구를 들어라. 이 땅에서 하나님의 나라를 이루라." 해리엇 비처 스토가 그녀의 작품 『톰 아저씨의 오두막』에 남긴 마지막 표현이다.

19세기 미국 교회는 세계 곳곳에 선교사를 파송하고, 십자가를 수놓았다. 우리나라에 아펜젤러와 언더우드 선교사를 보낸 것도 미국 교회였다. 1776년 미국은 성경의 정신으로 건국을 했다. 그러나 영국에서 1807년에 노예무역을 폐지했지만 미국에서는 1850년에 '도망노예법'을 가결할 만큼 노예제도가 사회에 뿌리를 깊게 내리고 있었다. 1790년에 200만 파운드에 불과했던 생산량이 노예제도에 의해 1860년에는 10억 파운드라는 천문학적인 수준으로 성장했던 것이다. 노예제도가 양심에 껄끄러운 것은 사실이었지만 황금을 가져다주는 거위였으므로 교회에서는 노예제도를 축복이라고 하며 당연시했다. 돈이 양심을 가린 것이다.

가난한 신학교 교수의 아내였던 해리엇 비처 스토는 말씀을 묵상하며 기도하는 중에 노예제도를 간과할 수 없었다. 1850년에 미국 의회가 도망노예법을 가결하자 이듬해부터 『톰 아저씨의 오두막』을 쓰면서 노예제도의 부당함을 알렸고, 결국 남북 전쟁이 벌어지는 계기가 되었다. 그녀는 이 작품이 하나님의 영감으로 쓰인 것이라고 회고했다.

경제적 이득은 수단일 뿐, 그 자체가 축복일 수 없다. 그러나 그 앞에 양심의 소리를 애써 무시하는 경우가 얼마나 많은가? 체제에 저항하기보다 순응하는 경우가 얼마나 허다한가? 선한 사람도 괴물 같은 제도 아래에서 악한 사람이 될 수 있고, 악한 사람이라도 종교적인 사회 속에서 감화될 수 있다고 그녀는 믿었다. 그녀는『톰 아저씨의 오두막』에서 이렇게 밝히고 있다.

> 기독교에 대한 내 관점은 이런 거예요. 이 사회의 바탕에 놓여 있는 저 괴물 같은 부정한 체제에 대항해 온몸을 내던져 싸우고, 여차하면 그 싸움에서 자기 자신을 희생할 각오가 되어 있어야 해요. 이런 각오가 없으면 기독교의 신앙을 지속적으로 간직할 수 없다고 봐요. 반드시 이렇게 행동해야만 기독교인이 될 수 있다고 봅니다. 하지만 내가 만나본 많은 지식인들과 기독교인들은 그렇게 행동하지 않았습니다. 사회 개혁에 대한 종교인들의 냉담한 모습, 사회적 죄악에 대한 인식의 결여 등은 경악할 수준이었습니다. 사람들의 그런 태도 때문에 나는 깊은 회의감을 갖게 되었습니다. [21]

2020년 팬데믹을 겪으면서 교회의 사회적 위치를 성찰하게 되었다. 교회는 우리 자신을 위한 것인가, 시대를 위한 것인가? 히틀러의 괴물 같은 권력 앞에 목숨을 잃어가면서도 본회퍼(Dietrich Bonhoeffer) 목사는 '교회는 타인을 위한 것이어야 한다'라는 주장을 하면서 수용소에서 생을 마감했다. 수용소에 수감되기 전에 동료들은 본회퍼 목사가 미국으로 떠나 목숨을 지킬 것을 설득했다. 그때 본회퍼 목사는 이렇게 대답했다. "내가 만일 조국을 떠나 있으면 사회를 바로 세울 때 어떠한 권리도 갖게 되지 못한다. 그래서 나는 고통 받는 동족과 함께 할 것이다." 이 얼마나 느헤

---

21) 해리엇 비처 스토/ 이종인 역『톰 아저씨의 오두막』2(문학동네, 2011), 182-183.

미야와 같은 표현인가? 본회퍼 목사는 다음과 같은 주장을 했다.

> 사회적인 부당함을 경험했을 때, 수도사처럼 은둔하는 것은 그리스
> 도인들의 마땅한 태도가 아니다. 그리스도인은 사회 속에서 올바른
> 기준이 무엇인지 제시해야 한다. 그것이 그리스도를 따르는 십자가
> 의 길에 부합한다. [22]

해리엇 비처 스토는 말라기 말씀을 작품 맨 마지막에 소개하며 마무리 한다. 그 텍스트가 콘텍스트를 변화시키는 힘이다.

> "내가 심판하러 너희에게 임할 것이라 점치는 자에게와 간음하는 자
> 에게와 거짓 맹세하는 자에게와 품꾼의 삯에 대하여 억울하게 하며
> 과부와 고아를 압제하며 나그네를 억울하게 하며 나를 경외하지 아
> 니하는 자들에게 속히 증언하리라 만군의 여호와가 말하였느니라(말
> 3:5)"

---

22) 박양규, 『청소년을 위한 하이델베르크 교리문답』 2(새물결플러스, 2017), 125.

토론을 위한 질문

1. 교회가 사회로부터 신뢰를 얻기 위해 가장 먼저 해야 할 선택은 무엇일까?

2. 타인을 위한 선택을 했을 때 우리의 삶을 풍요롭게 만든 사례가 있다면 어떤 부분을 들 수 있겠는가?

인문학은 성경을
어떻게 만나는가

그들의 고통은
어디에서 오는가?

예수 시대의 유대인들

하나님은 사랑이시다. 하나님은 빛이시고, 의로우시다. 너무 당연한 내용이라서 감흥이 없다. 그렇다면 이 질문은 어떤가? 왜 이 세상에는 사랑이 없을까? 왜 세상은 의롭지 못할까? 하나님의 속성을 드러내는 통로가 잘못되었기 때문이다. 예수께서는 수많은 병자와 고통 받는 사람들을 만나셨다. 왜 율법이 지배하는 사회에는 고통이 팽배할 수 밖에 없었는가?

그들의 고통은 어디에서 오는가?

신약은 구약보다 친숙하다. 사역을 하면서 이런 말을 종종 듣게 된다. "복음서의 결론은 예수님 짱짱맨 아닌가요?"라는 말이다. 아마 어떤 뉘앙스인지 독자들은 짐작할 것이다. 복음서에는 예수의 기적과 능력이 많이 나온다. 그 기사들을 읽으면, 예수께서 '모든 문제의 해결자'라는 획일적인 결론으로 모인다.

그런 결론은 우리에게는 득이 되지만 주변 사람에게는 '독'이 된다. 그들에게 일방적으로 강요하는 메시지로 바뀌기 때문이다. 고아도, 과부도, 병자도, 빈자도 모두 예수에게 나아와야 한다고 강요하는 것이 아니면 무엇이겠는가? 예수께서는 약자들을 대할 때 일방적으로 나오라고 요구하지 않았다. 어떤 선택이 우리의 인생을 더 능력 있게 만드는가? 예수께서는 아무개들과 어떻게 소통하고 있는가? 예수님이 짱짱맨이라는 것보다 더 중요한 것은 예수께서 아무개들과 공감하신 방식, 바로 그것이 신약이 우리에게 던지는 대화다. 신약으로 들어가서 소통을 해 보자.

마가는 마가복음 서문에 '신(하나님)의 아들, 예수 그리스도의 복음의 시작'이라고 밝힌다. 이것은 당시 사회에서 상당히 정치적인 메시지였다. '신의 아들'은 로마 황제를 가리키기 때문이다. 세계를 평정한 로마 제국의 황제는 가시적인 신의 아들이었고, 제국 전역에서 황제 숭배가 행해졌다. 물론 유대 지역에서도 예외는 아니었다.[23] 마가는 이런 시기에 예수를 가리켜 신의 아들이라는 표현을 썼고, 한층 더 대담한 '복음'이라는 단어를 연결했다. 복음에 해당되는 '유앙겔리온'도 황제와 관련된 단어이기 때문이다. 황제가 즉위했거나, 승전을 했거나, 황제의 메시지를 전할 때, 전령은 유앙겔리온이라고 외쳤다. 유앙겔리온이 외쳐지는 땅은 황제가 다스리는 영역이라는 선언이다. 로마의 심장 한복판에서 신의 아들이 통치를 외치는 유앙겔리온이 주는 영향력은 상당히 크다.

흥미로운 반전은 뒤에서 이어진다. 신의 아들은 강력한 군대와 화려한 개선식으로 통치 영역을 넓혀가지 않았다. 갈릴리에서 제자를 불렀고, 가난하고 소외받는 사람들을 중심으로 활동을 했다. 마가가 선언한 신(하나님)의 나라는 사회 가장 낮은 곳에 있었다. 그러나 마가의 시각과 달리 우리의 시선은 '저 높은 곳'을 향해 있다. 복음서를 볼 때마다 우리의 시선은 예수에게 향해 있다. 그가 새벽 미명이 일어나서 기도하고, 밤이 맞도

---

23) 〈유대전쟁사〉에서 예루살렘에서도 로마 황제 숭배는 계속되었다. 유대 역사가 요세푸스는 주후 66년부터 유대 반란이 시작되어 주후 70년까지 이어졌다고 기록하는데, 반란의 시작을 황제 숭배를 중지한 것으로 요세푸스는 이해하고 있다.

인문학은 성경을
어떻게 만나는가

록 기도하고, 전도하고, 가르치시는 '초인적' 근면을 닮고자 한다. 만일 예수께서 세우시려는 하나님 나라가 누구를 향한 것인지를 망각한다면 타인을 향한 일방적인 폭력으로 변할 수 있다.

"예수가 문제의 해결자다!"라는 말을 듣는다. 답은 맞지만 그런 주장을 획일화 시킬 때, 예수 주변 아무개들의 삶은 사라진다. 12년간 하혈의 고통에 시달리던 여인, 극심한 나병으로 고통당하는 사람, 중풍병으로 혼자서는 거동할 수 없는 사람 같은 수많은 약자를 예수께서 찾아가셨고, 고치셨다. 그것이 답이다. 문제는 예수께서 그들을 고치실 때, 고치고 문제를 해결하는 능력 자체가 중심이 아니었다. 먼저 그들을 불쌍히 여기고 고통을 공감하는 시선이 있었기에 변화가 일어난 것이다.

오늘날 '예수가 답'이라는 획일적 메시지를 듣고 있으면 가슴이 답답해진다. 12년간 흘렸던 여인의 눈물, 38년간 어둠 속에 지냈던 맹인의 고통에 무관심한 표현이 아닐까 생각되기 때문이다. 정말 묻고 싶은 것은 이것이다. 하혈로 고통 받으며 사회적으로도 부정하다는 혐오의 시선을 받아 왔던 여인의 12년간의 삶을 공감해 봤는가? 중풍병을 앓았던 사람이 혼자 거동할 수 없어 무기력하게 살았던 지난 세월을 상상해 봤는가? 요한복음 5장에는 베데스다 연못에 이런 사람들이 있었다.

> "예루살렘에 있는 양문 곁에 히브리 말로 베데스다라 하는 못이 있는데 거기 행각 다섯이 있고 그 안에 '많은' 병자, 맹인, 다리 저는 사람, 혈기 마른 사람들이 누워 물의 움직임을 기다리니(요 5:2-3)"

어쩌면 많은 '무리' 정도로, 혹은 배경 화면 정도로 넘어갔을 사람들이다. 이들에게는 예수가 필요하고, 그가 인생의 해결자라는 사실은 맞다. 그러나 많은 병자가 있었다. 앞을 볼 수 없는 사람들, 다리를 저는 사람들, 마비된 사람들이 있었다.

그들에게 시선을 맞춰서 QT책 본문에 기록해 본 적이 있는가? 아마 QT책에는 예수님은 어떤 분인가에 대한 답을 달기에 바쁘지 않은가? 많은 병자, 더 많은 병자의 가족들이 감내해 온 시간들을 헤아려 봤는가?

요한복음 9장에는 태어나면서부터 앞을 보지 못하는 시각장애인이 등장한다. 선천적 장애인에 대한 유대인들의 의식 구조를 엿볼 수 있다. 장애인은 태어나면서부터 앞을 보지 못했고, 그의 부모는 아들이 장성할 때까지 그를 보살폈다. 유대인들이 묻기를 그의 장애가 누구의 죄 때문인지를 물었다. 본인의 죄 때문인지, 아니면 그 부모의 죄 때문이지를 말이다(요 9:2). 더 심각한 것은 예수께서 '하필이면' 안식일에 그를 고쳐 주셨다. 이것을 빌미로 종교지도자들은 그와 그 부모를 출교하려고 위협했다. 당시 유대에서는 질병과 불행을 하나님의 진노라고 생각했고, 그 현장 이면에는 그들의 죄 때문이라고 믿었다. 그렇기에 시각장애인의 책임은 그 자신이든지 아니면 부모의 책임이라고 믿었다. 그러면서도 종교지도자들의 위선과 불신앙을 탓하곤 한다.

그러나 이 본문을 보면서 우리 사회가 이런 종교인들의 시각을 가졌다는 생각이 스쳐간다. 예수 주변에 있는 사람들의 고통은 예수께 나오지 않아서 생긴 것인가? 그렇게 생각한다면 그들의 고통은 죄 때문이라고 믿는 종교지도자들과 다를 바가 없다.

인문학은 성경을
어떻게 만나는가

우리의 시선은 예수께는 물론 동시에 그 주변의 약자들을 주목해야 한다. 그럴 때 본문은 눈물과 삶의 애환으로 다가온다. 성경에는 귀신들린 사람이 많이 등장한다. 특히 막달라 마리아는 일곱 귀신 들린 사람이었다. 이제 우리 시선은 좀 더 바뀌어야 하지 않을까. 귀신들린 사람들을 예수님이 고쳐주신다는 도식으로 본문을 볼 것이 아니라 그들은 어떤 고통으로 어떤 삶을 살았을까? 그리고 우리 시대로 표현한다면 그들의 고통은 무엇일까?

귀신 들린 사람을 〈엑소시스트〉에 나오는 인물로 연관 지으면 될까? 당시 시대에 사용되었던 문헌과 단어의 용례를 연구했을 때, 이것을 우리 시대의 언어로 고친다면 극심한 우울증과 정신질환으로 표현할 수 있다.[24] 그렇다면 귀신 들린 사람과 막달라 마리아는 '옛날이야기'에 머무는 것이 아니라 우리의 현실과 연결된다. 극심한 우울증으로 자해하고, 스스로를 비하하는 경우가 얼마나 많은가? 팬데믹은 국민들 대부분을 이렇게 만들었다! 그들이 잘못된 것이 아니라 어떤 환경이 그런 사람들을 만들어 내는가를 살펴봐야 한다. 막달라 마리아는 현대인들 속에도 얼마든지 있다. 그런 사람들에 대해 존엄성의 시각으로 바라볼 때, 왜 그들은 예수께 나아오는 선택을 했는지 이해할 수 있다.

마가복음 1장을 보면 예수께서 베드로 장모의 열병을 고쳐 주신 사건

[24] 크리스티안 펠트만/ 최경은 역, 『성서의 마지막 수수께끼』(한국문화사, 2019), 201-210 부분 참고.

이 나온다. 이 본문 역시 우리는 예수께 시선을 쏟게 마련이다. 본문은 예수께서 병을 고치시는 '해답'이라는 것을 말하려는 것일까? 장모를 벤치마킹해 보자. 우리의 시선은 장모와 같은 사회적 약자들이다. 다음의 본문에서 주인공이 예수가 아닌 장모에게 맞춰서 다시 보자.

> "회당에서 나와 곧 야고보와 요한과 함께 시몬과 안드레의 집에 들어가시니 시몬의 장모가 열병으로 누워 있는지라 사람들이 곧 그 여자에 대하여 예수께 여짜온대 나아가사 그 손을 잡아 일으키시니 열병이 떠나고 여자가 그들에게 수종드니라(막 1:29-31)"

베드로의 장모는 열병으로 누워 있었다. 이날은 안식일이었다(막 1:21). 유대인들은 회당을 중심으로 말씀을 듣고, 종교 생활을 한다. 문제는 안식일에 장모는 회당에 없었다. 물론 열병에 들었기 때문에 회당에 없었을 수도 있지만 사람들은 그 여자에 대해 '물었다'. 이 한 단어로 많은 상상을 할 수 있다. 위에서 선천적인 시각장애인에 대해 정죄하던 유대인들의 시선을 예수에게 던진 '물음'과 관련지어 볼 수 있다. 마가는 장모를 찾아온 예수와 함께 네 명의 제자들이 있었다고 기록한다. 베드로-안드레 형제와 야고보-요한 형제다. 베드로의 장모는 우연히 열병에 걸린 것일까?

이 상황을 이해하는 데에 매우 적절한 그림이 있다. 라파엘로의 〈갈릴리 고기잡이 배의 기적〉이라는 그림이다.

이 그림을 살펴보면 두 척의 고기잡이 배에 네 명의 제자들이 타고 있다. 맨 왼편에는 예수님이 계시고, 반대쪽 오른편에는 노인이 앉아 있다. 바로 야고보와 요한의 부친 세베대다. 그와 함께 한 두 제자는 야고보와 요한으로 추정할 수 있다. 왼편의 두 제자는 베드로와 안드레다. 베드로는 예수님의 발 앞에 무릎을 꿇고 있고, 안드레는 배를 건너서 예수 앞에 무릎을 꿇으려고 한다.

두 제자의 손과 몸을 보면 그들은 물고기와 그물에는 어떠한 관심도 없어 보인다. 반면 야고보와 요한의 시선, 손, 자세를 보면, 손은 물고기가 잔뜩 담긴 그물을 끌어올리려고 하면서도 시선은 예수께 향해 있다. 세베대와 인접한 제자는 시선은커녕 그물을 끌어올리기에 여념이 없다. 왜 그럴까? 바로 옆에 있는 부친 때문이다.

가족이 함께 있다는 사실 하나로 베드로-안드레와 야고보-요한의 반응은 이렇게 달라질 수 있음을 설명하고 있다. 빈민층이 많았던 그 시기에 제자들이 끌어올리는 물고기는 일용한 양식이거나 생계를 이어가는 수단일 수도 있다. 당신이 베드로의 장모라면 베드로의 행위가 어떻게 보이는가? 베드로와 장모 사이에는 베드로의 아내이면서 장모의 딸이 있다. 베드로의 '결단'은 가족들에게는 생계가 끊기는 행위이며, 무책임한

라파엘로의 〈갈릴리 고기잡이 배의 기적〉

짓이다.

예수는 랍비로 인식되었을 것이다. 랍비는 토라(율법)를 가르쳤고, 제자가 되기를 원한다면 그것은 개인적으로는 영광스러운 일일 수도 있다. 그러나 결혼한 사람이 랍비를 따라가기 위해 30일 이상 집을 떠나야 할 경우에는 반드시 아내의 허락이 필요했다.[25] 그러나 아무리 봐도 베드로가 그물과 고기, 배를 버려두고 랍비를 좇은 행위는 아내와 상의한 것 같지 않다. 그리고 이미 여러 날 랍비의 제자가 되기 위해 출가한 이후 예수와 함께 베드로의 장모에게로 들어오는 중이다. 이제 베드로의 장모와 대화를 나눠 보자.

공감하기 수군거리는 소리

공감사전
갑분싸
'갑자기 분위기 싸해짐'을 줄인 말

본문에서 베드로의 장모가 다르게 보이는가? 지금도 많은 여인이 말 못할 벙어리 냉가슴을 앓는 이유는 베드로 장모와 동병상련을 겪고 있기 때문이다. 아무리 신앙생활을 잘하고, 기도를 열심히 해도 신앙은 가정 경제에 도움이 되지 않는다. 남편의 월급은 늘 부족하고, 자식들은 내 맘대로 되지 않는다. 그래서 '간증'을 들을 때마다 '갑분싸'가 된

---

25) 미쉬나 케투봇 Mishnah Ketubot 5:6. 미쉬나(Mishnah)는 구전된 유대인들의 율법을 문서화한 것이다. 케투봇(Ketubot)은 미쉬나에 속해 있는 내용으로 혼전 동의서라고 알려져 있다. 주로 이혼 및 사별 시 여성이 받는 금액과 남편의 부양의무, 상속 등의 내용을 다룬다. https://www.sefaria.org/Mishnah_Ketubot.5.6?lang=bi&with=all&lang2=en

다. 간증집회는 나를 신앙 없는 사람으로 몰아세우기 십상이다. 소그룹에서 기도제목을 나눌 때를 기억하는가? 갑분싸가 되기는 마찬가지다. 기도제목은 종종 또 다른 차별화를 부추기는 행위처럼 보이곤 한다. 남들의 기도제목으로 위축되면 '열병'에 걸리기 직전이 된다.

더 힘든 건 사람들이 수군수군 거리는 소리다. 생활의 문제에 대해 주변 사람들은 이미 판단이 끝났다! 예배 생활을 그렇게 해서 저렇다느니, 기도의 자리를 지키지 않아서 그렇다느니 해서 나와 상관없이 이미 결론이 나 있다. 현실이 내 뜻대로 되지 않을 때 찾아오는 스트레스도 크지만 똑같은 사건에 대해 마음대로 해석해서 판단하는 주변의 수군거림이 더 견디기 힘들다.

여성들의 스트레스에 빼놓을 수 없는 것은 마르다와 마리아 사건이다 (눅 10:38-42). 예수께서 제자들과 함께 지나가시다가 마르다와 마리아의 집에 들렀다. 유대 사회는 랍비를 영접하는 문화이므로 두 자매는 예수와 일행들을 집으로 맞아 들였다.

사건은 여기에서부터 시작된다. 방문객은 예수 혼자가 아니라 제자들과 함께 방문했다(38절). 마르다는 랍비 일행을 맞이해서 여러 가지를 준비하고 있었던 반면, 마리아는 예수의 발치에 앉아서 그의 말씀을 듣고 있었다. 여러 무리를 갑자기 영접해야 했기에 마르다 혼자서 그 일을 하는 것은 힘에 부쳤다. 그녀는 예수께 나아가 마리아가 자신을 돕게 해 달라고 정중히 청탁했다. 사실 마르다는 센스가 있었던 반면, 마리아는 눈치가 없었다. 그러나 예수께서 하신 "마리아는 이 좋은 편을 택하였다(42절)."는 말씀으로 인해 오해의 소지를 낳았다. 마리아처럼 말씀을 듣는 것

은 더 좋은 일이고, 마르다처럼 일을 하는 것은 더 나쁜 일이라는 판단이 작용한 것이다. 이 본문으로부터 '마리아류(類)', '마르다류(類)'라는 말이 생겼으니 웃프다. 디에고 벨라스케스의 그림도 우리의 마음을 공감하는 것처럼 보인다.

르네상스 미술의 특징은 평면에 얼마나 깊이 있는 원근법을 표현하는가에 예술의 완성도가 달려 있었다. 해서 많은 화가가 평면 위에 입체를 표현하려고 각도, 색상, 형태를 고안해 내었다. 더 많은 화면을 넣기 위해 거울을 통해 더 많은 각도를 그림으로 표현한다. 〈아르놀피니의 결혼〉이나 〈시녀들〉 같은 그림들이 유명한 이유다.

벨라스케스의 그림에서 눈길을 끄는 것은 평면 위에 두 장면을 그려 넣었다는 점이다. 거울에 비친 작은 화면에는 예수와 그 앞에 무릎을 꿇은 마리아가 보이고, 큰 화면에는 마르다의 얼굴이 보인다. 관객들에게는 마르다와 마리아가 동시에 보이도록 하는 기발한 시도를 벨라스케스가 하고 있다.

흥미로운 것이 있다면 마르다의 표정은 이미 굳을 대로 굳어 있다. 내가 하고 있는 일이 아무 의미 없어 보인다는 표정으로 관객들에게 호소하고 있다. 힘 빠지게 하는 상황이 현실에서 너무 많다. 공동체 속에 있으면 하는 일에 따라 우열을 가리는 경우가 많다. 목회자들의 일은 거룩해 보이지만 일반 성도들이 하는 일은 하찮게 여기고는 한다. 더 허탈한 것은 가정에서 일어난다. 배우자의 문제는 다른 사람들이 알 수 없다. 무엇보다도 자녀 문제는 내 뜻대로 안 된다. 이런 답답한 상황이 반복되면 '내 신앙에 문제가 있다'고 느끼고 극심한 회의에 빠진다. 정말 그럴까?

할 수 있는 일 하기

예수께서는 마르다에게 '많은 일로 염려하고 근심한다'고 하셨다.

> "주께서 대답하여 이르시되 마르다야 마르다야. 네가 많은 일로 염려
> 하고 근심하나 몇 가지만 하든지 혹은 한 가지만이라도 족하니라 마
> 리아는 이 좋은 편을 택하였으니 빼앗기지 아니하리라 하시니라 (눅
> 10:41-42)"

유대 사회에서 손님을 영접하는 것도 랍비의 강론을 듣는 것 못지않게 중요하다. 이것이 포인트다. 예수께서는 마르다와 마리아의 우열을 가리지 않으셨다. 대신 마르다의 마음을 이해하셨다. 사회적인 통념으로는 두 역할 모두 소중하다. 그러니 마르다는 혼자서 두 가지 일 이상을 할 수 없었다. 예수께서 말씀하신 뉘앙스는 이렇다. 여러 가지 필요한 일을 할 수도 있지만 할 수 있는 그것을 해도 충분하다고 하신다. 마리아가 했던 것은 '더 좋은 편'이 아니라 '좋은 편'이다. 좋은 편이라는 것은 마리아에게 좋은 편이었다. 그러므로 여러 일들 중에 할 수 있는 일을 하는 것이 거룩한 일이며, 하나님을 기쁘시게 하는 일임을 명확히 말씀하셨다.

벨라스케스가 마르다를 더 가까이 그린 것은 현실 속에서 얼마든지 우리의 '선택'으로 인해 좌절하고 마음이 상할 수도 있음을 표현한 것은 아닐까. 관객은 그런 마르다를 마리아보다 훨씬 가깝게 여기고 있다.

이번에는 베르메르의 〈마르다와 마리아의 집에 있는 그리스도〉를 보자. 마리아는 예수의 발아래에서 그의 말씀을 청종하고 있다. 예수께서

베르메르의 〈마르다와 마리아의 집에 있는 그리스도〉

는 마리아에게 손을 내미셨다. 그러나 예수의 시선은 누구에게 향하고 있는가? 마르다에게 눈을 맞추며 그의 근심과 염려를 인자한 눈으로 다 이해하고 계신다. 복잡한 나의 상황 속에서의 선택, 표시나지 않고 내세울 것이 없는 내 모습조차도 사랑의 눈빛으로 용납해 주신다는 것을 우리는 받아들일 수 있을까?

베드로의 장모에게로 돌아가 보자. "나아가사 그 손을 잡아 일으키시니 열병이 떠나고 여자가 그들에게 수종드니라(막1:31)." 베드로 장모를 향해 사람들은 수군거렸고, 그녀가 누워 있는 상황에 대해 판단했을지도 모른다. 그때 예수께서는 그런 질문들, 수군거림에 대꾸조차 하지 않으시고 베드로의 장모에게 나아가 손을 내밀어 일으키셨다.

이런 시선을 당신은 받아들일 수 있는가를 제안한다. 예수께서는 우리가 왜 안식일을 지키지 않았는가, 왜 회당에서 율법을 준수하지 못했는가 등에 대해 따지지 않으신다. 평소에 베드로로 인해 마음이 억눌렸던 부분에 대해서도 되묻지 않으신다. 장모에게 나아가서 손을 잡아 일으키시는 것은 그 여인에 대한 애정이고, 존엄한 가치에 대한 배려가 아니고서는 할 수 없는 행동이다. 우리에게 필요한 것이 이것이다.

그랬던 장모와 베드로의 아내가 어떻게 됐는지는 정확히 알 수 없다. 그러나 바울의 서신을 보면 베드로의 아내는 베드로와 함께 다니며 복음을 전했던 것으로 보인다.

"우리가 다른 사도들과 주의 형제들과 게바와 같이 믿음의 자매 된 아내를 데리고 다닐 권리가 없겠느냐?(고전9:5)"

베드로의 아내가 베드로와 함께 복음을 전했다면 예수께서 장모의 열병을 고친 사건은 결코 무관하지 않을 것이다. 베드로의 장모와 아내를 변화시킨 것은 예수님의 '능력'이 아니라 예수님의 시선이다.

우리는 사회에서 '선한 영향력'을 강조한다. 구체적으로 무엇인가? 재력, 위치, 권력 같은 것을 생각한다면 결코 베드로의 장모가 열병에 낫는 일은 없다. 능력보다 시선이다. 주변의 약자들을 존엄한 태도로 바라보는 시선이 선한 영향력의 시작이다. 그런 우선순위에서 나온 선택들이 세상을 바꾼다.

토론을 위한 질문

1. 기독교가 역사와 사회 속에서 가장 신뢰를 받은 순간은 언제였으며, 왜 그러했는가?

2. 같은 본문이지만 영웅을 바라볼 때와 약자들을 주목할 때 본문은 어떻게 달라질 수 있는가?

인문학은 성경을
어떻게 만나는가

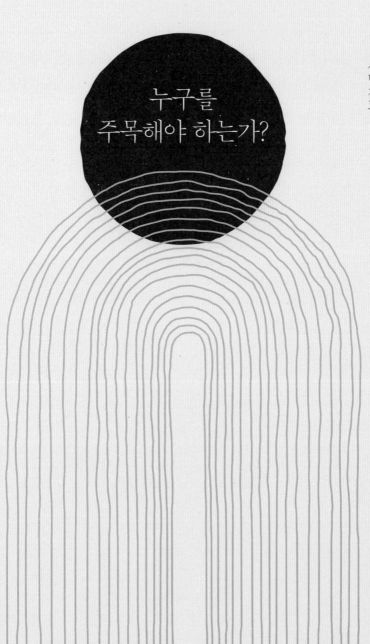

누구를
주목해야 하는가?

공감 포인트

10

사법제도

바울이 말하기를 성경은 우리의 거울이라고 했다. 현대 사회에 '가나안' 성도들은 트렌드가 되었다. 왜 그들은 교회에서 떠났을까? 교회 속에서 벌어지는 비방과 정죄가 마음을 지치게 만들었다. 유대 사회의 사법제도는 역사 속에 존재한 하나의 제도가 아니라 여전히 현대 교회에서도 진행되는 현재진행형이다. 그 속에서는 누구를 주목해야 하고, 현재 우리는 누구에게 시선을 건네야 할까?

누구를 주목해야 하는가?

예수의 주변에는 소위 '죄인'들이 많이 있었다. 역설적이게도 신의 아들 주변에는 무수한 죄인들이 있었던 반면 '거룩한' 종교인들에게 감히 죄인들은 다가갈 수 없었다. 예수께서는 죄인들을 부르기 위해 오셨다고 말한다(마 9:13). 예수께서 말한 죄인은 무엇일까? 누가 죄인이라는 범주를 만들고 규정했을까? 예수의 시선 속에 죄인으로 분류된 존재들은 어떤 사람들이며, 그들에 대해서 어떻게 가치를 부여하고 있는가?

이 화두를 꺼낸다면 조심스럽게 생각해 볼 수 있는 것은 현대 사회도 죄인이라는 범주를 만들고, 규정하는 시선과 인식은 없을까? 지금 우리 사회에도 여전히 죄인을 만들고, 분류하는 시선들은 차고 넘친다. 예수께서 죄인들을 바꾸신 비결이 무엇인지 벤치마킹해 보면 우리가 어떻게 살아가야 할지 답을 알 수 있다. 죄인을 만드는 사회에서 우리가 할 수 있는 선택은 무엇인가?

　신약 성경의 죄인들이란, 사회의 통념에 의해 분류된 죄인이다. 그 속
에는 대표적으로 세리와 매춘부들이 포함되었다. 물론 병든 사람들도 있
었다. 앞서 언급한대로 유대인들의 관념에서 질병은 생물학적 현상이 아
니라 죄의 결과라고 인식했다.

　이런 범주를 만든 것은 종교인들이었다. 실제로 사회에서 이런 영향
력을 행사할 수 있었던 것은 예수께서 이 세상에 태어나시기 반세기 전에
생긴 '산헤드린 공의회'였다. 이 기구는 유대 사회의 사법 기능을 담당했
고, 사람들의 행동을 구속하는 영향을 미쳤다. 사람을 낙인찍고, 처벌하
는 실권을 가진 최고의 종교권력기관을 구성하는 70명의 사람들은 유대
사회의 실세들이다. 이들 산헤드린은 예수와 껄끄러운 관계에 있었다.
산헤드린 구성원 중 한 명인 니고데모가 보는 눈이 없는 한밤중에 예수를
찾아왔던 것도 이 때문이었다.

　이 시기의 유대 사회에서 사람을 처형하려면 로마 정부의 승인이 있
어야 했다(요 18:31). 엄밀히 말하면 반란죄와 같은 정치범들은 로마 정부
가 처형했던 반면, 종교범의 경우 속주들에게 자치권을 부여했으므로 로
마는 관여하지 않았다. 그러므로 산헤드린은 유대 사회에서 종교범들을
처벌할 권리를 갖고 있었다. 스데반의 죽음은 로마 권력과 무관하게 산헤
드린 기구에서 처형을 한 경우다.

　요한복음 8장에 기록된 불륜을 저지르다가 현장에서 잡혀 온 여인도
산헤드린 기구로부터 소환되어 처형당하기 직전이었다. 예수께서 그 여
인을 중재하지 않았다면 그녀도 스데반처럼 죽었을 것이다. 여인은 '간음

죄'로 소환되었고 유대인들의 율법에 따르면 그녀는 돌로 쳐서 죽는 것이 마땅했다.

> "누구든지 남의 아내와 간음하는 자 곧 그의 이웃의 아내와 간음하는
> 자는 그 간부와 음부를 반드시 죽일지니라(레 20:10)"

그런데 뭔가 이상하다. 간음죄, 다시 말해서 불륜은 혼자서 이루어지는 죄가 아니다. 이 여인이 불륜의 현장에서 잡혔다면 함께 불륜을 저질렀던 남자는 어디에 있는가? 산헤드린은 남자가 누구였는지 전혀 관심도 없다. 본문은 그것을 명확히 말해 준다. 이 여인은 '현장에서' 잡혔기 때문이다(요 8:4). 이 여인이 '화대(花代)'를 위해 그 현장에 있었다면 본문의 진의는 사라진다. 그녀는 생계형 매춘부였고, 그런 일을 하지 않으면 굶어 죽을 운명이었다. 여인은 돌에 맞을 선택을 했고, 현장에 있었던 남자, 좀 더 대담하게 표현하자면 '가해자'가 누구였는지 산헤드린은 관심도 없고, 밝힐 의지도 없다.

김동인의 소설『감자』에서 복녀는 간부(姦夫)였던 왕 서방의 손에 죽었다. 왕 서방은 복녀의 남편에게는 30원을, 한의사에게는 20원을 주었다. 복녀는 소리 없이 땅에 묻혔고, 한의사는 복녀가 열사병으로 죽었다고 사망진단서를 끊었다.

이 사건에서 예수는 죄 없는 자가 돌로 치라고 말했다. '분명하게도' 예수께서는 그 여인의 행위가 '옳다'고 하지 않았다. 더 이상 죄를 범하지 말라고 했다(요 8:11). 이 본문을 이해하려면 여인의 시선으로 본문을 봐야 한다. 그래야 오늘날의 상황이 열린다. 우리는 본문에서 누구를 주목해

야 할까?

죄인

시선을 두어야 하는 대상은 예수님이 아니라 죄인들이다.

세리와 매춘부들은 예수를 어떻게 이해했을까? 어떤 마음으로 예수께 나아오기로 결심을 했을까?

> "예수께서 다시 바닷가에 나가시매 큰 무리가 나왔거늘 예수께서 그
> 들을 가르치시니라 또 지나가시다가 알패오의 아들 레위가 세관에
> 앉아 있는 것을 보시고 그에게 이르시되 나를 따르라 하시니 일어나
> 따르니라(막 2:13-14)"

예수께서 지나가시다가 죄인으로 분류되어 있는 세리를 부르셨다.

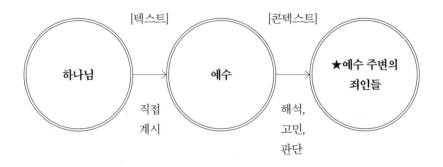

이 본문에서 부름을 받은 세리는 삭개오와는 많이 다르다. 삭개오가 Tax Collector였다면, 이 세리는 Toll Collector다. 신분이 천양지차다. 삭개오가 세무서장이라면, 이 사람은 세금징수원이다. 예수께서 그를 불렀으니 무조건 그 앞으로 나와야 한다는 것이 텍스트의 메시지일까?

이 본문에서 세금징수원의 이름을 '레위'라고 언급한다. 레위는 구별된 지파로서 레위인들은 당시에도 성무(聖務)를 맡았다. 그는 자신의 이름을 스스로 정하지 않았다. 그의 이름은 부모가 정해주므로 성경에서 굳이 '이름'이 언급되는 것은 그 사람의 운명을 암시하는 장치다. 그의 이름에서 부모가 거는 기대를 엿볼 수 있다. 다른 복음서에서는 그의 이름을 '마태'라고 소개한다. 이름의 뜻은 '하나님의 선물'이다. 이 세금징수원의 이름으로 미루어 그는 태어날 때 부모의 기대와 관심을 한 몸에 받았다는 것을 짐작할 수 있다.

유대인들은 5세 무렵에 회당에서 랍비들을 통해 토라(율법)를 배운다. 10-13세 무렵에는 율법의 주석서와도 같은 미쉬나(탈무드)를 배운다. 이 시기에 배움에 소질이 없는 아이들은 랍비가 되는 기회를 잃고 집으로 돌아가서 가업을 잇는다. 15세까지 살아남은 청소년들에게 최종적인 관문이 있다. 율법을 암기하고 배움의 성과를 과시하면 집중적으로 랍비가 되는 준비를 시작한다.

이런 배경을 알면 이 세금징수원의 삶을 엿볼 수 있다. 그는 부모의 기대를 등에 업고 율법을 배웠다. 그러나 어느 순간엔가 자신이 부모의 기대를 충족시킬 수 없다는 것을 알게 되었다. 구별되기를 원했지만 그는 '구분'되었다. 이 세금징수원과 불륜의 현장에 있던 여인에 대해 예수께서는 어떻게 가치를 부여하고 있을까?

공감사전
댓망진창
'댓글이 엉망진창'의 줄인 말

불륜 현장에서 잡혀 온 여인과 세리 마태는 유대 사회에서 죄인의 범주로 분류된 사람들이다. 사회가 구분한 죄인들이다. 사회는 병자들을 격리했고, 죄인들을 분리했다. 물리적으로 구분한 것은 심리적으로 구분하기 위함이다. 물론, 영적으로 정결하려는 명분이지만 죄인들이 체감하는 시선은 '댓망진창'이다. 그것이 사람을 몹시 힘들게 한다.

동서고금을 막론하고 사회는 한 개인을 인간의 존엄함으로 바라보지 않는다. 개인의 환경, 조건, 소유, 외모 등으로 시선을 달리 한다. 구약 시대의 광야에서도 그랬고, 선지자들이 본 유대 사회도 그러했고, 예수 시대도 그랬다. 물론 현재도 예외는 아니다. 이것이 인간의 보편성일까? 문제는 교회도 그렇게 본다!

프롤로그에서 소개한 카라바조는 하나님 나라가 거룩한 옷을 입은 사제들에게 있지 않고, 사회에서 '극혐' 취급을 받던 매춘부, 유대인, 집시, 노름꾼들에게 있다고 믿었다. 카라바조의 〈성 마태오의 소명〉에 그의 진심이 손 모양에 나타났다. 카라바조가 그린 예수의 손 모양은 미켈란젤로의 〈아담의 창조〉의 손과 닮았다. 하나님이 아담을 부르시듯 예수께서 마태를 부르고 계신다는 것을 이렇게 표현했다. 마태는 댓망진창으로 분류된 사람이다. 그림 속 마태는 천대받던 노름꾼들이다. 노름꾼들도 로마교회가 죄인으로 분류한 사람들이다.

흥미로운 것은 예수와 베드로의 모습이다. 16세기에 종교개혁이 일어난 것은 로마 교황청에서 성 베드로 성당을 축조하기 위해 면죄부를 발행했기 때문이다. 가톨릭에서는 성 베드로를 교회의 수장으로 간주했다. 면죄부 발행과 트리엔트 공의회, 그렇게 세워진 로마 교회의 세계 속에 창녀, 노름꾼, 거지, 집시, 유대인들이 발을 붙일 자리는 현실에 없었다. 그런 현실을 반영하기라도 하듯 베드로는 예수의 모습을 가리고 있다. 교회가 예수를 가리는 모습은 지금이나 16세기나 예수님 시대나 매한가지다. 카라바조는 이런 질문을 던진다. 누가 진짜 죄인인가? 누가 그리스도를 가리고 있는가?

이 질문에 대해 우리가 대답할 차례다. 예수도, 카라바조도 매춘부와 세리, 노름꾼을 결백하다고 하지 않았다. 그들에게 하나님 나라가 임하는 방식은 '구체적'으로 무엇인가? 이것이 현대 교회가 가져야 할 시선이다. 죄인들이 변화되는 것은 정죄하고 회개를 강요하는 방식이 아니다. 도스토옙스키가 마음을 울리는 이유는 가난한 사람들과 돈 때문에 절박한 외줄타기를 하는 사람들과 공감했기 때문이다. 카라바조의 그림에 감동을 느끼는 이유는 그가 얼마나 낮아졌는지 경험했기 때문이다. 돈 한 푼에 얼마나 마음을 쓸어내렸는지 알았기 때문이다. 예수께서 죄인들을 변화시킨 것은 채찍으로 때려서 회개시킨 것이 아니다. 회개하라고 명령하신 대상은 종교인들이었고, 채찍을 들었던 장소는 성전이었다! 공감 없는 종교는 괴물이 될 수밖에 없고, 카라바조의 그림에 나온 베드로처럼 그리스도의 영광을 가리는 실체일 수 있다. 공감, 이것이 카라바조가 던지는 질문에 대한 답이다.

본문에서 눈여겨 볼 부분에 밑줄을 그었다.

> "예수께서 다시 바닷가에 나가시매 큰 무리가 나왔거늘 예수께서 그
> 들을 가르치시니라 또 지나가시다가 알패오의 아들 레위가 세관에
> 앉아 있는 것을 보시고 그에게 이르시되 나를 따르라 하시니 일어나
> 따르니라(막 2:13-14)"

이 구절에서 가장 중요한 단어를 꼽는다면 주저 없이 '또'를 선택할 것
이다. 왜 그런지 이해가 되는가? 마가는 의도적으로 '또'를 선택했다. 바
닷가에서 수많은 군중이 예수를 따르기 위해 '자발적으로' 나왔고, 예수께
서는 그들을 가르치셨다. 이어서 '자발적이지 않은' 한 사람을 보셨다. 그
는 '가르침'에 있어서는 낙오자였고, 사회에서는 '극혐'이었다.

군중의 한 사람과 세금징수원 한 사람을 비교해도 시원찮은데, 마가
는 '또'를 통해 무리와 혐오스러운 개인을 동등하게 보고 있다. 마가가 채
택한 '또'의 의미는 너무 크다. 예수께서는 자발적으로 따라오려는 수많
은 군중만큼 혐오받는 한 사람에게도 동일한 가치와 존엄성이 있음을 선
언한다. 결국 그 사람은 수많은 군중이 힘을 합쳐도 할 수 없었던 〈마태
복음〉을 기록했다. 군중들은 십자가로부터 도망갔지만 마태는 십자가를
위해 죽었다. 예수께서 '또'라는 시선으로 죄인에게 찾아오셨을 때, 그가
〈마태복음〉을 기록할지 누가 알았겠는가. 마가가 채택한 '또'는 우리가
세상을 바라보고 우리 자신을 대하는 렌즈가 되어야 한다.

'또'라는 단어는 우리의 동의와 상관없이 하나님이 선언하신 팩트다. 성경은 독자들에게도 독자의 동의 여부에 상관없이 한 개인에 대한 숭고한 평가를 표현한다. 신의 아들을 희생할 가치가 있는 존재라고 말이다.

> "우리가 아직 죄인 되었을 때에 그리스도께서 우리를 위하여 죽으심으로 하나님께서 우리에 대한 자기의 사랑을 확증하셨느니라(롬 5:8)"

하나님께서는 댓망진창인 죄인을 위해 이런 선언을 하셨다.

> "하나님이 우리를 구원하사 거룩하신 소명으로 부르심은 '우리의 행위대로' 하심이 아니요 오직 자기의 뜻과 영원 전부터 그리스도 예수 안에서 우리에게 주신 은혜대로 하심이라(딤후 1:9)"

기독교의 생명력을 유지하는 것은 '또'다. 우리가 존엄한 가치가 있는 이유는 어떤 행위 때문이 아니라 존재 자체가 그렇다. 그래서 인간을 구원하기 위해 영원 전부터 인생 속으로 찾아오기를 계획하셨다. 이 시선은 불륜의 현장에서 잡혀 온 여인을 살렸고, 사회에서 혐오의 시선을 받고 있는 매국노로 하여금 위대한 일을 감당하게 했다.

어렵지만 대담한 표현을 하고자 한다. 세리와 매춘부는 죄인이 맞다. 그들의 행위를 죄가 아니라고 하는 것을 타락한 사회라고 한다. 그러나 예수께서 그들을 '변화'시킨 방법은 정죄와 혐오가 아니라 포용이었다. 그들을 혐오했던 종교인들에게는 '회개하라'라고 외쳤고, '독사의 새끼들'이라고 욕을 퍼부으셨다.

낙태도 동성애도 성경에서는 죄라고 지적한다. 아마 동성애가 '보편화'되고, 자유롭게 '낙태'할 수 있는 사회는 타락한 사회가 될 것이다. 태어나는 아이들보다 배 속에서 죽음을 강요받는 아이들이 더 많은 사회는 아무리 생각해도 정상적인 사회는 아니다. 문제는 원치 않게 임신을 한 여인에게 쏟아지는 시선을 알고 있는가? 임신의 가해자는 없고, 책임을 물을 의지조차 없으면서 모든 책임을 여인 혼자 감당하도록 만드는 사회라면 채찍을 들고 예수께서 나타나셔야 할 것 같지 않은가.

성소수자들에 대해서도 비슷한 접근이 필요하다. 그들이 하나님에게 돌아올 수 있는 '유일한' 방편은 혐오와 배제가 아니라 '또'라는 시선이다. 죄에 대해서는 명확한 태도를 취하되 죄인들에 대한 시선에서 '또'가 제거되어서는 안 된다.

언론을 통해 '이슬람의 증가 속도가 교회의 위협이 된다'는 유형의 기사를 본다. 동성애로 인해 교회가 무너질 수 있다는 보도자료를 접한다. 양심에 손을 얹어서 말해보자. 교회가 현재 생명력을 잃어 가는 이유가 이슬람과 동성애 때문인가? 교회의 생명력을 유지하는 방법은 외부가 아니라 내부에 있다. 불륜의 현장과 세관에 앉아 있던 아무개를 향한 예수 그리스도의 진심이 무엇인지, 교회의 생명력을 다시 일어나게 만드는 힘이 어디에 있는지 생각해 보자.

> "그러면 네 지식으로 그 믿음이 약한 자가 멸망하나니 그는 그리스도
> 께서 위하여 죽으신 형제라(고전 8:1)"

이번 장을 마치면서 토마스 하디의 『더버빌가의 테스』의 한 장면이 떠

인문학은 성경을
어떻게 만나는가

오른다. 가난한 가문에서 태어난 소녀 '테스'의 인생을 짓밟은 남자는 세 명의 목회자들이다. 첫 장면에서 테스의 가문에 헛된 소망을 부추긴 '트 링햄 교구목사'가 등장한다. 그의 말에 유혹을 당해서 테스의 부모는 테 스를 먼 친척에게 보내어 혈통적으로 관련된 가문인지를 물어보게 했다. 그러나 더버빌 가문은 스토크 가문이 돈을 주고 산 가문으로서 테스는 그 사실을 모르고 그 집으로 갔고, 알렉으로부터 원치 않은 아이를 임신하게 된다. 나중에 알렉은 순회부흥회를 인도하는 전도자가 된다. 테스를 절 망의 나락에 떨어뜨린 인물은 농장에서 만난 목사의 아들 에인절이다. 테 스와 에인절은 사랑을 하게 되고 결혼식을 올렸으나 그날 밤 테스가 원치 않은 아이를 임신했던 사실을 알게 되었다. 에인절은 브라질로 떠났고, 테스는 파멸의 나락으로 떨어졌다. 테스는 자신을 절망으로 이끈 알렉을 살해하고, 살인죄로 교수형을 당하는 내용이 『더버빌가의 테스』의 줄거 리다.

알렉으로부터 원치 않은 임신을 했고, 에인절로부터 버림을 받은 후 사회 밑바닥에 떨어진 테스. 그녀가 우연히 만난 알렉은 순회전도자가 되 었다. 알렉은 테스에 대한 죄를 뉘우치거나 사죄하기는커녕 오히려 테스 에게 '회개'하라고 하고, 예수를 믿어야 구원을 받는다고 설득했다. 이때 테스가 했던 대사가 이렇다.

> "타인의 고통에 공감하거나 사죄하는 마음도 없으면서, 일방적으로 내뱉는 구원, 믿음, 속죄, 회개. 저는 그것을 경멸한다구요."(토마스 하 디의 『더버빌가의 테스』 중)

토론을 위한 질문

1. 사회적 약자들과 공감하기 위해 교회는 무엇을 어떻게 해야 할까?

2. 우리가 교회로부터 당했던 차가운 시선을 경험한 적이 있는가? 교회가 사회 속에서 영향력을 나타내기 위해서 가장 먼저 무엇이 필요한가?

인문학은 성경을
어떻게 만나는가

공감 포인트 11

예수의 재판

저항 세력을 왜
강도라고 불렀을까?

'예수의 재판'은 수많은 학자의 연구 대상이 되었던 주제다. 당신은 정확히 예수께서 왜 십자가에 못 박혔는지 아는가? 그 죄목이 십자가형에 적절한 것이었는가? 이것이 혼란하기 때문에 예수에 대한 믿음도 혼란하다. 많은 사람이 '예수'를 외치지만 속마음이 일치하지 않기 때문이다. 십자가에서 벌어진 예수의 재판은 우리와 어떤 관계가 있는지 살펴보자.

저항 세력을 왜 강도라고 불렀을까?

교회에서 부르는 찬양 중 예수께 자신의 사랑을 표현하는 곡들이 유독 많다. 예수께, 혹은 하나님께 자신의 사랑을 표현하는 진짜 방법은 찬양을 부르는 것이 유일한 방법일까? 교회 생활을 하다 보면 감정과 '쇼맨십'을 얼마나 표출하는가가 마치 하나님께 사랑을 표현하는 척도로 비쳐지기 십상이다. 조용히 노래를 부르는 것보다 온몸으로 표현하는 행위야말로 하나님을 향한 최고의 표현으로 인식된다.

사도 요한은 분명히 말하기를 예수의 계명을 지키는 것이 사랑을 표현하는 기준이라고 말했다(요 14:21). 내가 선택하는 것들은 예수의 계명을 지키는 것과 어떤 관계가 있는가? 어쩌면 내가 판단하고 결정하는 선택이 예수의 재판에 참석한 군중들이나, 재판을 이끌어 가는 빌라도의 선택과 많이 다른 것일까? 이 부분을 이해하기 위해서는 유대 사회의 '재판'

을 파악해야 한다. 의외로 많이 알려지지 않은 부분이 예수의 재판이기 때문이다.

예수께서 활동하던 때는 로마의 지배를 받던 시기였다. 대략 주후 30년 무렵으로 본다. 그러나 유대 사회는 주후 66-70년을 거치면서 엄청난 변화를 경험한다. 유대 민족이 로마에 대항하면서 반란을 일으켰고, 로마의 베스파시안과 티투스는 유대 반란을 진압했는데 이것이 제1차 유대 반란이다.

주후 70년에 나라를 잃은 유대 민족은 전 세계로 흩어짐을 당했고, 예루살렘은 황폐하게 되었다. 신약의 기록들 중 일부는 유대 전쟁 무렵, 혹은 이후에 기록되었다. 유대 반란이 진압되었으므로 유대인 저자들과 독자들은 정치적인 환경에 영향을 받을 수밖에 없다. 가령, 18세기에 미국이 영국으로부터 독립을 하려고 했을 때, 토머스 제퍼슨은 미국의 건국 영웅이었지만 영국에게는 반역자였다. 독립 전쟁에서 미국이 아니라 영국이 이겼고, 미국이 진압되었다면 '건국 영웅' 같은 단어는 공식적으로 쓸 수 없을 것이다. 예수 시대에 반란자들을 지칭하는 명칭이 '강도'였다는 사실은 시대의 행간을 읽을 수 있게 해 준다.

예수 시대의 유대는 로마의 지배를 받고 있었다. 외세의 지배를 받는 사회는 어느 사회든지 세 부류로 나뉜다. 외세에 부역하는 '콜라보' 계층이 있고, 중도적인 대중들이 있으며, 외세에 저항하려는 '레지스탕스' 계층이 있게 마련이다. 그런 방식으로 복음서를 이해할 수 있다.

산헤드린 공의회는 로마로부터 유대 최고의 실권을 인정받은 기구였다. 그 아래 대제사장을 필두로 고위 종교지도자들이 콜라보를 형성했다. 대중 집단을 이루고 있는 유대인 민중들이 있으며, 저항을 열망하는 민족주의자들이 있다. 따라서 강도들로 명명된 집단은 저항을 꿈꾸는 세력들이다. 로마가 직접 처형에 관여한 자들은 정치범들이며, 유대가 스스로 처형할 수 있는 사람들은 종교범에 해당된다. 이런 구분은 예수의 재판을 이해하는데 상당한 도움이 된다. 이 시기에 유대인 아무개들의 눈에 예수는 누구였을까?

벤치마킹하기 **종교범 & 정치범**

당시 예수의 기적을 경험한 사람들이 급격히 늘어나고 있었다. 오병이어의 기적을 사람들이 보았고, 수많은 병든 사람을 고치는 장면도 목격되었다. 예수께서 십자가에서 처형당할 때, 그 많던 사람은 어디로 갔는가? 3년간 밤낮 쉴 새 없이 예수님을 따랐던 제자들마저 도망갔고, 심지어 예수를 팔았다. 과연 우리가 유대인들과 제자들을 탓할 수 있을까?

우리는 신구약을 통해 예수의 존재를 엿본다. 그러나 당시의 유대인

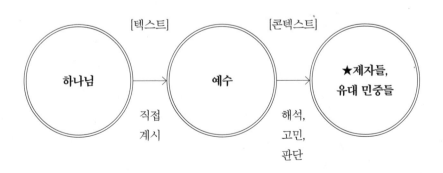

들에게 신약은 기록되지 않았고, 구약은 정경이 아닌 두루마리로 흩어져 있었다. 그 시대에 수많은 랍비가 있었고, 광야에서 자칭 메시아라는 사람들도 있었다. 예수는 그 중의 한 명일 뿐이다. 그래서 예수께서는 제자들에게 "사람들이 나를 누구라고 하더냐(마 16:13)"라고 물었고, 제자들에게 "너희는 나를 누구로 생각하느냐(마 16:15)"고 물으셨다. 군중들은 대체로 굶주리고 있었기 때문에 혹시나 하는 마음으로 예수 주변을 배회했다(요 6:26). 예수께서 유월절에 예루살렘에 입성하실 때, 군중들은 예수를 향해 열광적인 지지를 보냈다(마 21:8-9). 3년간 예수와 함께 했던 제자들 역시 예수에 대한 기대가 제각각이었다.

민중들은 예수께서 로마를 물리치고 유대의 독립을 가져다 줄 영웅으로 기대했었던 것으로 보인다. 제자들은 주전 168년에 외세로부터 독립을 쟁취하려고 일어난 마카비 혁명을 꿈꾸며 그런 지도자를 연상했는지도 모른다. 마카비처럼 예수가 그런 이상을 구현할 것이라고 믿었고 제자들은 '지분'을 나누려는 논공행상(論功行賞)을 벌였다(마 20:20-28). 만일 예수가 마카비 혁명 같은 반란을 이끄는 지도자로서 그들의 혁명을 성공하면 당대의 콜라보 계층의 친(親) 로마 세력이었던 산헤드린 공의회와 그 부역자들의 미래는 어떻게 될지 확실하다. 그들은 예수를 '효과적으로' 처리할 계획이 필요했다.

> "이에 대제사장들과 바리새인들이 공회를 모으고 이르되 이 사람이 많은 표적을 행하니 우리가 어떻게 하겠느냐 만일 그를 이대로 두면 모든 사람이 그를 믿을 것이요 그리고 로마인들이 와서 우리 땅과 민족을 빼앗아 가리라 하니 그 중의 한 사람 그 해의 대제사장인 가야바

가 그들에게 말하되 너희가 아무 것도 알지 못하는도다 한 사람이 백성을 위하여 죽어서 온 민족이 망하지 않게 되는 것이 너희에게 유익한 줄을 생각하지 아니하는도다 하였으니 이 말은 스스로 함이 아니요 그 해의 대제사장이므로 예수께서 그 민족을 위하시고 또 그 민족만 위할 뿐 아니라 흩어진 하나님의 자녀를 모아 하나가 되게 하기 위하여 죽으실 것을 미리 말함이러라 이 날부터는 그들이 예수를 죽이려고 모의하니라(요 11:47-53)

드디어 유대 지도자들의 위험천만한 계획이 수립되었다. 예수 한 사람을 두고 각기 판단이 엇갈렸다. 예수는 선지자인가, 혁명의 지도자인가, 랍비인가, 아니면 정말 메시아인가? 수많은 사람이 예수를 향하여 이렇게 마음이 갈렸다는 것은 지금도 마찬가지다. 우리에게 예수는 누구인가? '예수를 믿는다'라고 할 때, 그 예수는 구체적으로 어떤 의미인가? 같은 고백을 한다고 해서 동일한 믿음을 반영하는 것일까?

유대 지도자들이 예수를 죽이려는 이유는 자신의 기득권을 유지하기 위함이다. 그렇지만 대중들 때문에 명분이 필요했기에 스데반처럼 예수를 돌로 쳐서 죽일 수도 없다. 나귀를 타고 입성하시던 예수를 향해 열광하던 대중들로부터 밉보일 수도 있기 때문이다.

예수께서 겟세마네 동산에서 체포되었다. 체포하기 위해 출동한 사람들은 산헤드린 공의회에서 고용한 용역들이 아니었다. 예루살렘 주둔 로마 군대가 파병되었다(요 18:3). 카라바조는 이 부분을 정확히 표현했다. 겟세마네 현장에 출동한 로마 군대를 정확히 그렸다. 등불을 들고 있는 사람은 카라바조 자신의 자화상이다. 등불을 들고 있지만 1/3 이상 가려진 이유는 뭘까? 혐오스럽게 다가와서 입을 맞추려는 가룟 유다에 대해 예수는 두 손을 모으는 의미는 뭘까? 카라바조 역시 이 장면을 군중의 한 명으로 벤치마킹을 하고 있다.

로마 군대가 파병되기 위해서는 로마 총독의 승인이 없이는 불가능하다. 빌라도 총독은 예수를 처형하는데 큰 관심이 없었다. 그래서 산헤드린 공의회의 임의대로 예수를 '종교범'으로 처형하라고 했다. 그러나 산헤드린 측에서는 '정치범'으로 처형해 달라고 맞섰다(요 8:31).

> 반란과 관련이 없는 일에 대해서 로마는 절대 개입하는 일이 없었고, 종교, 사회적 범죄들은 산헤드린 공회에서 담당하도록 했다. (미쉬나 '산헤드린' 중에서)

빌라도는 예수를 종교범으로 죽이라고 했고, 산헤드린은 프레임을 바꾸었다. '어떻게' 죽일지를 논의했다. 빌라도는 예수에게서 정치범의 근거를 발견하지 못했다(요 18:38). 유대인들은 빌라도를 압박하기 시작했다. 정치범 예수를 살려 둔다면 빌라도 역시 반란자에 대한 공범으로 간주하겠다고 위협했다(요 19:12). 빌라도는 예수를 어떻게든 살려 내려는 그런 착한 사람이었을까? 2천 년간 사람들은 예배를 드릴 때마다 빌라도의 이름을 사도신경에서 들먹여왔다. 빌라도와 유대인 사이에 어떤 관련이 있었을까?

이것이 앞서 말했던 '정치적 상황'이다. 요한복음은 주후 70년 유대 전쟁 이후에 기록되었다. 요한복음을 발행하려면 로마 당국으로부터 '검열'

인문학은 성경을
어떻게 만나는가

을 받아야 했던 시기였다. 그러므로 복음서에서 '로마 총독'인 빌라도를 파악하는 것은 한계가 있을 수밖에 없다. 유대 역사가 요세푸스의 기록에는 빌라도가 요한의 기록처럼 선량하게 묘사되지 않았다.

> 유대 총독 빌라도는 유대 율법을 말살하기 위하여 예루살렘을 겨울 진영으로 삼고 가이사랴에서 예루살렘으로 군대를 이동시켰다. 빌라도는 또한 상(像)을 만드는 것조차도 금하는 유대 율법이 있음에도 불구하고 카이사르의 상이 그려진 깃발을 들고 예루살렘으로 들어왔다. (유대고대사 18권 55절)

> 빌라도는 예루살렘 성전의 거룩한 돈을 사용해서 40km 떨어진 곳으로부터 예루살렘으로 물을 끌어들였다. 그러나 유대인들은 이 일이 전혀 마음에 들지 않았다. 그러자 빌라도는 항의하는 수많은 유대인들을 살해했다. (유대고대사 18장 60-62절)

이 기록을 보면 빌라도는 취임 초기부터 폭군의 이미지를 과시했다. 예수 시대에 알렉산드리아에서 활동하던 유대 철학자 필로는 빌라도와 유대 지도자들 사이에 은밀히 이루어진 충격적인 대화를 다음과 같이 소개한다.

> 유대인들은 빌라도를 당황케 만들었다. 만일 그들이 사절단을 보내어 빌라도 자신이 총독으로 지내는 동안에 행했던 일, 즉 뇌물 수수, 성전금고 강탈, 유대종교 모독, 의도된 폭행, 재판 없는 처형, 지속적

인문학은 성경을
어떻게 만나는가

인 잔인한 행위들, 이런 일들을 로마에서 폭로하게 될지 모른다는 생각에 빌라도는 두려움에 떨었다. (Gaium 1장 302절)

요세푸스와 필로의 기록이 마지막 퍼즐 조각이 되었다. 로마의 정치 구조는 속주민들을 직접 통치하기보다 속주민들의 대표들에게 권력을 주는 방식을 취했다. 따라서 유대 대표들은 언제든지 문제가 있을 때마다 로마 황제를 찾아가 속주의 사정을 기소할 수 있는 권리가 있었다. 폭군 아켈라오가 폐위될 당시가 그랬다. 이런 권리를 빌라도와 산헤드린이 모를 리가 없다.

재구성하면 이렇다. 빌라도의 악행을 빌미삼아 산헤드린은 좋은 협상 카드 하나를 쥐고 있었다. 언제든지 로마 황제에게 찾아가서 그를 고발하면 폐위의 가능성이 높아지기 때문이다. 반대로 빌라도는 자신의 지위를 유지하기 위해 산헤드린의 요구사항을 들어준다면 권력을 지속시킬 수 있다. 권력에 대한 대가는 간단하다. 산헤드린에 의해 기소된 종교범을 정치범으로 체포해서 처형하면 되는 것이다. 빌라도가 보기에 예수는 평범한 종교범에 불과할 뿐 반란자는 아니었지만, 예수는 반란자의 신분으로 로마가 고안한 가장 처참한 형벌을 당했다.

절충안은 모두에게 '유익'했다. 기득권자들은 손에 피를 묻히지 않고 눈엣가시 같은 예수를 처형할 수 있었다. 빌라도는 꺼림칙하긴 했지만 자신의 지위를 연장할 수 있었다. 대중들은 그들이 바랐던 혁명 지도자를 잃었으나 또 다른 레지스탕스 정치범인 바라바를 얻었으니 그것도 나쁘지는 않았다.

공감사전
당신은 도덕책
'당신은 도대체…'라는
의미로 '도대체=도덕책'과
발음이 비슷해서 생겨난
감탄사

불과 얼마 전까지만 하더라도 수많은 대중이 종려나무 가지를 흔들며 예수를 환영하던 것을 보았던 제자들이다. 나름의 '꽃길'을 상상하며 제자들끼리 논공행상(論功行賞)을 벌이기도 했다. 그 많던 대중은 다 어디로 갔는가?

잠깐이지만 행복했었다. 불과 200년 전에 압도적인 열세의 병력으로 셀레우커스 왕조를 물리치고 독립을 쟁취했던 마카비 혁명을 다시 꿈꿨던 것은 사치였을까? 허황된 꿈이었을까? 예수께서 체포당하실 때, '열두 군단 더 되는 천사'를 언급한 것은 대중들 사이에 만연해 있던 제2의 마카비 전쟁을 염두에 둔 표현이었다. 그런 기대에 아랑곳 않고 예수는 너무 무기력하게 죽었다. 로마를 무너뜨리고 이 땅에 하나님 나라를 건설한다면 아마 평생 하나님을 찬양하고 그를 진심으로 기뻐할 수 있을 것 같았다. 그가 로마를 무찌르면 이 세상에 더 이상 불신자는 없을 거라고 생각했다. 그러나 십자가에서 무기력하게 죽은 예수를 향해서 '당신은 도덕책'이라는 고백이 터져 나온다.

빌라도는 우리에게 말한다. 이 사람을 보라! 이 사람은 너무 초라하고, 볼품없으며, 그가 들고 있는 종려나무 가지는 하찮게 보인다. 내가 지금까지 이 사람을 믿고 의지했던 사람이 이 사람이었나 싶다. 그런 생각을 하고 빌라도를 바라보면 위축감마저 든다.

우리가 대답할 차례다. 내가 바라고 기대했던 예수는 어떤 예수였나? 랍비 같은 스승이었나, 내 삶을 혁명적으로 바꿔 놓을 분이었나? 한 걸

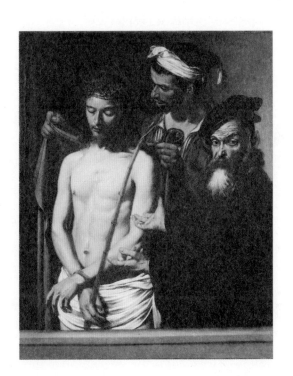

음 더 들어가 보자. 체포된 예수를 등지고 달아났던 제자들은 깊은 절망에 빠졌다. 3년간 올인하며 따랐던 예수가 '반란자'로 낙인 찍혀서 죽었을 때, 제자들이 가족들을 만난다면 어떤 소리를 들었을까? 내가 그 동안 헌금했던 돈, 교회에 바쳤던 시간, 수많은 세월 동안 바쳤던 열정과 헌신이 있지만 예수께서 십자가에 못 박힌 채 내가 바라는 것들을 아무 것도 응답해 주지 않는다면 당신은 뭐라고 말하겠는가?

우리는 앞서 〈그리스도의 체포〉라는 그림을 살펴봤는데, 그 그림에서 설명하지 않은 두 가지가 있다. 카라바조는 '의도적으로' 이 그림에 등장하는 가롯 유다의 역할을 맡은 모델을 〈의심하는 도마〉라는 그림에서는 '도마'의 역할을 맡겼다. 놀랍지 않은가? 모델을 써서 그림을 그리면 영원히 후세에 남는다. 같은 모델에게 다른 배역을 맡긴다면 모델은 차치하고서라도 대중들이 먼저 알아본다. 그것을 천재 화가 카라바조가 몰랐을 리 없다. 그렇다면 카라바조의 의도는 너무 명백하지 않은가?

예수께서 우리의 기대에 부응하지 못하기 때문에 하루에도 여러 번 우리는 가롯 유다가 된다. 그런 우리를 변화시키는 것은 마카비 혁명처럼 나타나는 방식이 아니라 도마의 손목을 잡고 담담하게 우리를 위해 생긴 상처를 보여 주는 방식을 통해 우리가 변화된다는 사실이다. 예수를 향해 당신은 도덕책이라고 외치던 내가 지금까지 신앙을 지킬 수 있는 유일한 이유를 꼽으라고 한다면 그가 혁명가이기 때문이 아니고, 랍비이기 때문도 아니다. 그가 직접 내 손목을 잡고 그의 죽음을 매 순간 확인시켜 주기 때문이리라. 그것이 내가 지금 살아 있는 이유다.

카라바조가 〈그리스도의 체포〉에서 그리스도를 벤치마킹하는 장면을 관찰해 보자. 그가 기대했던 예수는 어떤 모습이었을까? 자신의 기대와 이성적인 판단으로 예수를 지켜보려고 했으나 예수께서는 자신이 기대한 방식으로 응답하지 않았다. 카라바조가 편협한 생각으로 예수께 나아왔음을 고백하는 마음으로 등불은 1/3만큼만 그렸다.

인문학으로 성경 읽기 그리스도의 상처를 만지며

우리는 하루에 열두 번도 더 예수를 빌라도의 재판에 세운다. 그렇게 조물주를 매일 재판석에 세우는 우리의 마음에 대해 C. S. 루이스는 이런 글을 남겼다.

> 자신의 운명이 부당한 희생자라고 생각해서 슬퍼하거나, 질병, 죽음, 고통 등으로 분노하신다면 이것을 기억하십시오. 성경에서 말하기를 사람은 하나님과의 관계를 맺기 위해 창조되었습니다. 예수님은 '부자'가 하늘나라에게 들어가기 어렵다고 하셨습니다. 여기서 '부'란 경제적인 '부'를 포함하지만 행운, 건강, 명예 등 우리가 원하는 모든 것이 '부'에 포함됩니다. 그것을 소유한 사람들은 자신이 하나님으로부터 독립된 존재라는 느낌을 갖는 경향이 있습니다. 이생에서 이미 행복하고 만족스럽기 때문에 하나님이나 다른 곳에 시선을 돌릴 마음이 나지 않아서 그것이 영원히 계속될 것처럼 덧없는 행복에 안주하려고 합니다. 그래서 때로는 이 모든 '부'들을 우리에게서 빼앗기도 하십니다. 그렇게 하지 않으면 우리가 계속 그것들을 의지하며 하나님으로부터 등을 돌릴 것이기 때문입니다. 가혹하게 들립니까? 그렇지

않습니다. '가혹한' 교리들이 어쩌면 가장 친절한 교리일 수 있습니다. 이 세상은 우리의 행복을 위해 마련된 장소가 아니라 우리를 하나님의 형상으로 만들기 위한 훈련과 교정의 장소입니다. 그러므로 우리는 불편한 삶을 살 준비가 되어 있어야 합니다. 편안함과 행복함을 위해 예수님께 나아오셨다면, 예수님은 그 답이 되지 않습니다. [25]

성경을 읽을 때 '예수는 메시아'라는 정해진 답을 갖고 보기 때문에 답을 빗겨 나간 모든 사람은 비난의 대상이 된다. 예수의 곁을 떠난 제자들도 이해되지 않고, 예수의 재판에서 예수께 등을 돌린 군중들 모두 원망스럽다. 그러나 제자 중 한 사람이 되거나 유대 군중들 중 한 명의 아무개가 되어 이 상황을 지켜본다면 우리도 예수를 십자가에 못 박는 군중들 중 한 명에 포함될 수 있다는 사실을 부인할 수 없을 것이다. 나는 예수 그리스도의 무엇을 믿고 의지하는가? 내가 그로부터 기대하는 것은 무엇인가?

20세기의 인류는 21세기가 되면 우주정거장을 만들고, 달에 거주한다고 믿었다. 아직 그 꿈은 실현되지 않았지만, 조만간 인공지능은 인류를 산업에서 소외시킬 것이고, 빅 데이터는 우리의 기대를 점점 충족시켜 주고 있다. 그렇게 하늘 높은 줄 모르고 기술을 발전시키는 인간이라 하더라도 질병 하나에 온 세계가 우울함에 빠지는 경험을 한다. 기술, 정보, 그리고 질병으로 폐쇄된 세상. 이런 환경에서 우리는 하루에도 수십 번 예수를 십자가에서 처형하는 선택을 반복하고 있지만, 여전히 그리스도

---

25) C. S. 루이스/ 홍종락 옮김, 『피고석의 하나님』(홍성사, 2011) 중에서

인문학은 성경을
어떻게 만나는가

의 상처를 만지며 텍스트를 떠올리는 이유가 뭘까?

> "시몬아, 시몬아, 보라 사탄이 너희를 밀 까부르듯 하려고 요구하였으
> 나 그러나 내가 너를 위하여 네 믿음이 떨어지지 않기를 기도하였노
> 니 너는 돌이킨 후에 네 형제를 굳게 하라(눅 22: 31-32)

텍스트는 이렇게, 우리에게 말을 건네고 있기 때문이다.

토론을 위한 질문

1. 당신에게 '예수'는 어떤 의미를 가지는가?
2. 재판의 군중들처럼 내가 예수를 재판석에 앉혀서 판단한 적은 언제
   인가? 왜 그랬는가?

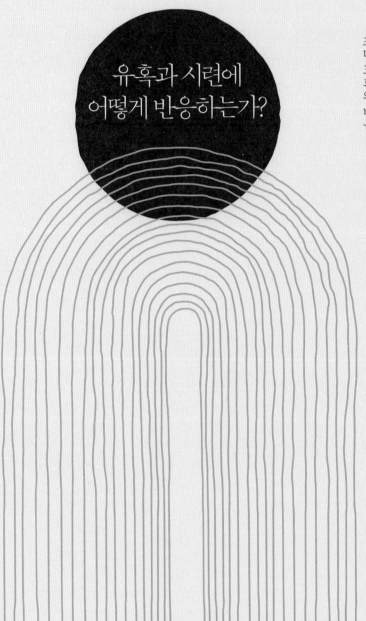

유혹과 시련에
어떻게 반응하는가?

공감 포인트

12

초대 교회와 바울

사도 바울이 기독교 형성에 큰 기여를 했던 것은 의심의 여지가 없다. 후대 사람으로서 바울을 생각하지 말고, 같은 시공간에 공존해서 살아간다고 가정한다면 우리는 바울을 어떻게 인식할까? 이것이 초대 교회가 가졌던 인식이다. 또한 초대 교회는 어떤 환경 속에서 존재했는가? 이 두 가지는 우리의 신앙에 적지 않은 지침이 된다. 초대 교회 성도들은 무엇을 경험했고, 어떻게 시련을 이겼는지 그들과 대화를 나눠 보자.

유혹과 시련에 어떻게 반응하는가?

초대 교회는 이상적인 공동체였다고 생각한다. 초대 교회 성도들과 비교한다면 현대인들은 월등한 환경 속에서 살고 있다. 악기와 음향, 조명, 분위기, 심지어 경제적인 현실을 고려하더라도 비교가 되지 않는다. 그들에게 설교는 완벽하게 기승전결로 전개되는 웅변이 아니었다. 사도들의 편지를 낭독했고, 그것을 암송해서 읊조리는 것이 설교였다.

비교할 수 없는 조건을 가진 현대 그리스도인들과 초대 교회 성도들과 이것을 비교해 보자. 유혹과 시련에 반응하는 상태는 어떨까? 현실을 대하는 자세는 어떨까? 텍스트를 통해 콘텍스트를 살아가는 진정성은 어떨까? 적어도, 예배가 대면이냐 비대면이냐, 혹은 설교가 예정보다 10분 더 길어졌다는 이유로 분노하지는 않았을 것이다. 어떤 차이가 성도들의 삶을 무기력하게 만드는 것일까? 그렇다면 어떤 선택을 해야 할까?

신약에서 가장 위대한 사도를 꼽는다면 바울을 들 수 있다. 수많은 교회를 세웠고, 신약의 절반 가까운 성경을 기록했다. 초기 기독교에서 바울보다 더 많은 기여자는 찾을 수 없다. 그래서 우리는 이런 상상을 한다. 초대 교회로 가서 바울의 설교를 듣는다면 큰 감격에 빠질 것 같은 기분이 든다. 오래된 찬양 중 '낮엔 해처럼 밤에 달처럼'의 2절은 '예수님처럼, 바울처럼 그렇게 살 수 없을까'라는 가사가 있다. 바울은 신약의 모세와 같은 인물이다. 그를 실제로 만나면 어떨까? 실은 늙고 초라한 노인 그 이상도, 이하도 아니다. 성경에 나온 기록을 토대로 바울을 상상해 보면 이렇다.

첫째, 바울의 외모는 돋보이지 않았던 것 같다. 일단 바울은 편지에서 사람들이 자신의 외모만 취한다고 아쉬움을 드러냈다(고후 10:7). 그런 구절만 봐도 미남은 아니었다.

둘째, 바울은 최고의 문필가였지만 최악의 언변가였다. 바울은 당대 최고의 지식인이었고, 수많은 서신을 기록할 정도로 뛰어난 학자였지만, 언변은 부족하다고 할 정도로 연설은 약했던 것 같다(고후 11:6).

셋째, 바울은 '자칭' 사도였다. 예수의 오른팔, 왼팔의 역할을 하던 베드로와 요한에 비해 바울은 단 한 번도 예수 곁에 없었고, 일면식도 없었다. 바울은 교회를 박해했던 사람이었다. 예수와 함께 했던 제자들에 비한다면 바울이 사도를 주장하는 근거는 너무 가볍다. 그래서 바울은 자신이 쓴 서신마다 과하다 싶을 정도로 스스로를 사도라고 소개했다(갈 1:1).

이제 우리의 차례다. 우리가 바울의 설교를 듣고 있는 아무개라면 어떤 느낌일까?

인문학은 성경을
어떻게 만나는가

복음서에서 우리와 비슷한 사람을 찾는다고 했을 때 예수님 주변의 사람들에게 주목했다. 초대 교회에서는 누구를 주목할 수 있을까? 적어도 사도들은 벤치마킹의 대상은 아닐 것이다. 그들은 예수로부터 가르침을 받았고, 영감을 통해 성경을 기록했기 때문이다. 그렇다면 우리처럼 해석, 고민, 판단을 했던 사람들은 누구일까?

우리가 벤치마킹해야 할 사람들은 선지자의 메시지를 들었던 이스라엘 백성들처럼 사도들의 설교를 들었던 초대 교회 성도들이다. 바울이 사도라고 확신하지 못했다면 바울의 설교를 듣고도 그가 사도였다고 판단하기는 쉽지 않았다. 그는 달변가는 아니었기 때문이다. 그는 이전에 교회를 핍박하던 사람이었다. 당신이 바울의 설교를 듣고 있었던 회중들 중의 한 명이었다면 어떨까? 어떤 반응을 하겠는가? 사도행전 20장에서 아무개가 되어 그의 설교를 들어보자.

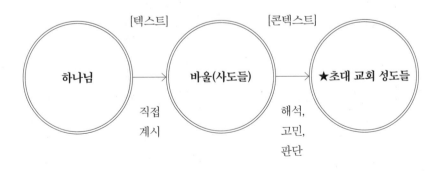

"그 주간의 첫날(from sunset)에 우리가 떡을 떼려 하여 모였더니 바울이 이튿날 떠나고자 하여 그들에게 강론할새 말을 밤중까지(until midnight) 계속하매(continued) 우리가 모인 윗다락에 등불(oil lamp)을 많이 켰는데 유두고라 하는 청년이 창에 걸터앉아 있다가 깊이 졸더니 바울이 강론하기를 더 오래 하매 졸음을 이기지 못하여 삼 층에서 떨어지거늘 일으켜보니 죽었는지라 바울이 내려가서 그 위에 엎드려 그 몸을 안고 말하되 떠들지 말라(Trouble not yourselves) 생명이 그에게 있다 하고 올라가 떡을 떼어 먹고 오랫동안(a long while) 곧 날이 새기까지(until sunrise) 이야기하고 떠나니라 사람들이 살아난 청년을 데리고 가서 적지 않게 위로를 받았더라(행 20:7-12)"

이 본문은 바울이 드로아 교회에서 강론을 했던 내용이다. 드로아는 '트로이 목마' 사건으로 유명한 트로이와 가까웠다. 트로이는 다른 도시들 중 하나가 아니다. 로마의 건국과 관련이 깊다. 트로이가 멸망할 때, 아이네이아스가 로마로 피난을 왔고, 그의 후손이 늑대의 젖을 먹고 자란 로물루스와 레무스다. 이 시기는 로마 제국이 가장 강력한 위용을 떨치던 시기였으니 트로이는 여러 도시 중 하나에 해당되는 정도는 아니다. 트로이 근처의 드로아 교인들이 이것을 몰랐을 리가 없다. 바울의 설교 장소는 다락방이라고 나오지만 우리가 이해하는 '다락'의 개념과는 달리 위층에 있던 공간을 뜻한다. 당신이 이곳에서 강론을 들었던 한 사람이라면 어떨까? 설교는 저녁에 시작되었다. 내일이면 바울이 그곳을 떠나야 하므로 설교가 길어져서 자정(midnight)을 넘기고 있었고, 끝날 생각을 하지 않는다(continued). 그러다 사고가 났다. 한 청년이 설교를 듣다가 졸았고,

결국 3층에서 추락해서 죽었다. 장소는 위층이었고, 집회를 위해 등불(Oil lamp)을 많이 켜 두었기에 밀집된 공간이었는지 산소가 부족했던 것 같다. 용케 그 청년이 밤까지 버티나 했지만 자정을 넘기면서 견디기 어려웠던 듯하다.

바울은 최고의 문필가였지만, 그의 언변은 자타가 공인하는 '갑분교'다. '갑자기 분위기가 교장선생님이 등장한 상황'이다. 저녁에 시작된 집회가 자정을 돌파하고 있다. TMI(Too Much Information)가 제대로 발동된다. 설교를 많이 들어 본 사람이라면 설교의 마무리를 알리는 표현을 안다. 가령 설교자가 '주님의 이름으로 축원합니다'라는 표현을 하면 몸이 자연스럽게 설교가 끝나가는 것을 안다. 깊이 잠든 사람들도 이 소리에 잠이 깨는 것을 보면 신기할 따름이다. 축원한다는 표현이 나오면 기도로 마무리되는 것이 익숙한 패턴 아닌가. 그러나 비극은 이렇게 찾아온다. "두 번째!" 이 한마디에 다시 잠을 청하곤 한다!

텍스트에 집중한다는 것이 더 나은 콘텍스트를 만드는 것은 아니다. 오히려 텍스트를 순종하다는 것이 콘텍스트에서는 기대했던 반대의 상황으로 나타날 수도 있다. 현실에서는 발등에 떨어진 불을 끄기에도 급급한데, 텍스트는 현실과 무관해 보이기 때문이다.

공감하기 **복음의 문**

공감사전
할많하않
'할 말은 많지만 하지 않겠다'의 줄임말

바울의 설교가 많이 길어진다. 저녁에 시작한 설교는 자정을 지나고 있다. 이 시대의 최고의 설교는 웃긴 설교도, 명쾌한 설교도 아닌 예정보다 10분 빨리 끝나는 설교라는 말이 있다. 현대인들은 어떤 설교도 참을 수 있지만 식사 시간을 넘기는 것은 못 참는다고 한다. 상당히 공감이 간다. 바울은 이미 정도를 지나쳤고 청중들은 '할많하않'의 상태로 바뀐다. 더 이상 귀에 설교가 들어오지 않는다.

마침내 청년 하나가 떨어졌다. 사도행전 저자는 할많하않을 암시하는 단서들을 사용한다. 기름 램프를 사용했고, 사람들이 몰렸던 위층이었으며, 시간은 자정을 지나고 있었다. 떨어져 죽은 청년이 앉은 곳은 통풍이 가장 활발한 창가였다면 회중들은 이 청년보다 더 견디기 어려운 상태였다. 청년이 떨어져 죽었을 때, 이미 분노의 게이지를 지나치고 있었다. 바울은 청중들에게 "떠들지 말라"라고 말했고 다시 설교를 진행했다. 그러다 날이 밝았다! 바울이 떠나고 난 후 살아난 청년 유두고로 인해 적지 않은 기쁨이 이 성도들에게 넘쳤다.

이 본문은 우리에게 무엇을 말하는가? '설교 시간에 졸지 말라'는 메시지로 활용될까? 우리와 비슷한 현실을 살아가던 드로아 교인들에게 시선을 맞추면 결론은 달라진다. 드로아 교인들은 한낮의 피로를 뒤로하고 저녁에 설교를 듣기 시작했다. 한밤이 지나도록 이어졌고, 유두고 청년의 죽음과 같은 원치 않은 상황에 직면했다. 이해되지 않은 상태에서 또 다시 설교가 이어졌고 동이 트고 나서야 '비로소' 성도들에게 기쁨이 찾아왔다. 이 사건은 성도들에게 어떤 의미가 있었을까? 역사에서 만약(if)이라는 가정은 무의미하지만 다음을 가정해 보면 어떨까?

하나, 만약, 바울의 설교가 자정 전에 끝났다면

둘, 유두고가 떨어지지 않았다면

셋, 유두고를 살리자마자 바로 설교가 끝났다면

넷, 바울의 설교가 낮에 이루어 졌다면

이런 가정으로 위의 물음에 대답해 볼 수 있을 것이다. 의도는 좀 더 선명하게 다가온다. 바울이 이들을 떠나고 난 후, 설교 현장에서 밤을 지새우던 아무개들에게 어지간한 고난은 아무런 어려움도 되지 않을 것이다. '만약' 위의 네 가지 상황이 일어났다면 유두고가 떨어져 죽는 곤란한 상황은 없었을 것이다. 그러나 바울이 아무개들에게 줄 수 있는 가장 값진 선물은 찰나의 즐거움이 아니라 앞으로 닥칠 영적인 고난을 견딜 수 있는 '근육'이 아닐까.

우리는 바울의 지루한 설교를 듣는 것처럼 무의미해 보이는 '고문서'를 지속적으로 읽으며 현실을 살아간다. 그것이 근육이 되고, 면역력이 되어서 어느덧 좌절할 것 같은 상황에도 의연히 걸어가고 있다. 나의 콘텍스트 속에 텍스트가 어떤 의미가 있냐고 묻는다면, 드로아 교인들이 앞으로 네로 황제에 의해 극심한 박해에 직면하게 되었을 때 어떻게 대처했는지 살펴보면 된다. 훗날 바울이 드로아에서 있었던 일을 회고한 구절이다. 그날 밤의 사건을 통해 드로아는 복음의 문을 열었다.

> "내가 그리스도의 복음을 위하여 드로아에 이르매 주 안에서 문이 내게 열렸으되(고후 2:12)"

텍스트가 비현실적인가? 기독교 박해가 있었을 때 텍스트는 가장 현실적이었던 기준이었고, 삶을 비추는 등불이었다. 텍스트는 시시콜콜 콘텍스트에서 족집게처럼 제시하는 방식이 아니라 현실을 살아가는 힘을 준다. '현실적 필요'란 매번 발등에 떨어진 불을 끄게 해 주는 것을 말할 수도 있지만 그것을 견디는 인내와 의지가 아닐까?

인문학으로 성경 읽기 하나님의 캐릭터

아무개들과 대화하는 긴 여정을 마무리하고자 한다. 2020년은 평범하던 일상이 특별한 것이 되었다. 만남은 멀어지고, 예배는 비대면이 일상이 되었다. 많은 부분이 편리해졌지만 우리는 왜 무기력한 모습으로 살아가고 있는 것일까?

렘브란트의 이야기가 그 답을 말해 준다. 렘브란트는 1606년에 평범한 가정에서 태어난 화가 지망생이었다. 1630년에 〈삼손과 들릴라〉를 그렸다. 이 그림에는 나실인이자 사사였던 삼손이 블레셋 여인의 품에 안겨 깊이 잠을 자는 모습이 표현되었다. 들릴라 뒤에는 블레셋 병사들이 삼손의 머리를 깎을 기회를 엿보고 있었다. 실제로 삼손의 머리를 깎은 사람은 블레셋 병사였고 들릴라는 아니었다. 1632년에 그린 〈튈프 박사의 해부학 수업〉은 렘브란트를 무명 화가의 신분에서 벗어나, 암스테르담으로 '인서울' 하게 만들었다. 신분 상승을 이룬 렘브란트는 시장의 딸 사스키아와 결혼을 했지만 〈선술집의 탕아(The Prodigal Son in the Brothel)〉라는 흥미로운 그림을 남긴다. 그림 속에서 탕진하는 인물에는 자신의 얼굴을, 매춘부에게는 아내 사스키아의 얼굴을 그렸다. 현실이 풍요롭고 평안하지만, 영적으로 무기력해진다는 고백일까?

그 무렵에 렘브란트는 〈눈알이 뽑히는 삼손(The Blinding of Samson)〉이라는 그림을 그린다. 무명 시절에 그린 〈삼손과 들릴라〉는 블레셋 사람이 머리카락을 깎는 반면 6년 후에 그린 그림은 들릴라가 직접 가위를 들고 삼손의 머리카락을 잘라 낸 모습이다. 렘브란트가 이렇게 텍스트의 내용을 바꾼 이유는 무엇일까? 렘브란트는 본문을 삼손이 아닌 들릴라의 관점으로 표현하려고 했다. 한 시대를 대표하는 사사였고, 나실인이었지만 머리카락이 뽑힌 삼손의 모습은 늙고 남루한 '고깃덩어리'에 불과한 육체뿐이라는 것을 이렇게 고백하고 있다.

머리카락이 상징하는 것은 무엇인가? 바로 하나님과의 교통을 상징한다. 사사에게 하나님과 교제를 뜻하는 것은 우리 시대에는 텍스트다. 렘브란트가 우리에게 말하고 싶은 진심이 이것이다. 텍스트가 제거된 그리스도인들은 무기력한 육체 덩어리임을 말하고 있다. 어쩌면 핵심을 간파한 듯하다.

대면이냐, 비대면이냐가 중요한 것이 아니라 우리의 콘텍스트 속에 텍스트는 어떤 가치가 있는가? 팬데믹이라는 들릴라는 우리의 현실을 적나라하게 폭로하고 있다. 우리가 영적으로 무기력함에 빠졌다면 들릴라의 손에 우리의 머리카락이 있기 때문이다. 우리에게 가장 중요한 텍스트의 가치가 제거되었기 때문이다.

그럼에도 불구하고 우리에게 소망이 있는 것은, 고난을 통해 우리는 변화되고 있다는 사실이다.

> "다만 이뿐 아니라 우리가 환난 중에도 즐거워하나니 이는 환난은 인내를, 인내는 '연단'을, '연단'은 소망을 이루는 줄 앎이로다 소망이 우

리를 부끄럽게 하지 아니함은 우리에게 주신 성령으로 말미암아 하나님의 사랑이 우리 마음에 부은 바 됨이니(롬 5:3-5)"

이 구절에서 바울은 '연단'이라는 단어를 사용한다. 연단의 뜻이 무엇일까? NIV에서는 '캐릭터'라고 사용한다. 콘텍스트에서 늘 직면하는 환난, 강력한 전염병과 같은 질병의 순간들을 통해 우리로 하여금 인내하게 하시고, 그런 과정에서 우리를 하나님의 캐릭터로 만들어 가는 과정임을 소망할 수 있기 때문이다.

아무개의 눈에 우리가 고깃덩어리로 보일지, 아니면 하나님의 캐릭터로 변해가는 과정일지 우리의 결단에 달렸다. 텍스트가 당신의 콘텍스트를 이끄는 빛이 되기를 소망한다.

토론을 위한 질문

1. 나의 현실에서 텍스트는 어떤 의미를 부여하는가? 텍스트는 삶에 어떤 비중을 차지하는가?
2. 팬데믹 이전과 현재를 비교했을 때, 텍스트가 나에게 미친 의미는 어떻게 변했는가?

4차 산업혁명 시대에
왜 말씀이 필요한가?

　요한이 〈요한계시록〉을 쓰던 때, 그는 도미티안 황제의 박해로 인해 무인도에 유배되어 있었다. 요한은 그곳에서 일곱 교회에게 편지를 썼다. 일곱 교회 중 마지막 교회는 라오디게아 교회다(계 3:14-22). 라오디게아 교회는 당시에 부유했던 교회였다. 라오디게아 지역의 경제력 수준을 엿볼 수 있는 사례는 이렇다. 이 지역에 지진이 발생했지만 완벽히 복원해 낼 정도의 자본력이었다. 경제력이었다. 경제와 기술을 보유했고, 의술이 발달해서 다른 지역에 비해 평균 수명 및 생활 수준이 높았다.

　'라오디게아'의 뜻은 '백성, 민중'을 의미한다. 라오디게아 교회는 상징적으로 '민중이 중심이 된 교회'라는 뜻이다. 과연 라오디게아 교회의 아쉬운 점은 무엇이었을까? 그런 현실을 반영하듯 요한은 라오디게아 교회를 향한 질책을 쏟아 낸다. '네가 차지도 않고 뜨겁지도 않아서 미지근하니, 그런 상태가 지속되면 너를 토하여 내치겠다'는 불편한 메시지였다. 그럼에도 불구하고 라오디게아 교회는 스스로 말하기를 '나는 부자이기 때문에 부족함이 없다'라고 대답한다.

그때 요한은 그들이 '가난하고, 가련하고, 눈이 멀었으며, 심지어 벌거벗었다'고 했다. 예수께서는 그 교회 속으로 들어가기를 원하셨다(계 3:20). 이 교회는 예수께서 계실 공간이 없을 만큼 부유했다. 그들의 영적인 상태는 앞을 보지 못하고, 벌거벗었지만 그들은 "우리에게 예수님은 필요 없습니다"라고 말한다.

라오디게아 교회는 현대 교회와 비슷하다. 현대 교회는 유사 이래로 가장 부유한 환경 속에 있다. 텍스트는 오래전에 기록된 고문서처럼 보이고, 빅 데이터야말로 현실의 방향을 제시해 주는 것처럼 보인다. 인공지능이 응답이고, 스마트폰은 소통의 전부다. 곧 인공지능은 스마트폰으로 우리에게 가장 적절한 설교를 제공할 것이다. 이 책을 지금까지 함께 해 준 독자들에게 이 말을 꼭 남기고 싶다.

고대 시대에도, 조선 시대에도, 그리고 지금 4차 산업혁명 시대에도, 텍스트는 우리의 콘텍스트에 근간이 된다. 수많은 아무개가 그것을 의지해서 살았고, 그들과 소통하면서 현실을 극복해 나갔다면 우리도 아무개들처럼 하루를 살아 낼 것이다. 그것 외에 다른 대안은 없다.

우리 속에 내재해 있는 악의 평범성을 지적한 한나 아렌트가 이런 말을 남겼다. "우리에겐 가장 어두운 시대에조차 어떤 등불을 기대할 권리가 있다." 그 등불이 여러분들로부터 나타나기를 소망한다. 그 등불이란, 약자들과 아무개들과 함께 손을 잡을 수 있는 공감과 소통의 등불이리라.

지금까지 수많은 아무개와 대화를 나눴다. 이 책을 통해 우리가 발을 딛고 사는 곳곳에 등불이 밝혀지기를 꿈꾼다. 등불을 밝힌다는 것은 십자가 첨탑을 세우는 것이 아니라 아무개들의 삶과 소통하고 공감의 창문을 여는 것이라 믿는다. 창문을 열 수 있는 힘은 텍스트에서 나온다. 4차 산업혁명 시대이든, 코로나가 창궐하는 시대이든 여전히 우리의 콘텍스트를 지탱하는 것은 텍스트다. 그 텍스트의 기준으로 이 땅에 하나님의 나라를 기대할 권리가 있다.

"나는 어느 누구의 요구나 기대에 매이지 않는 자유인이지만, 다양한 부류의 사람들에게 다가가려고 자발적으로, 모든 사람 - 종교인들이나 비종교인들, 매우 신중한 도덕가들이나 자유분방하게 사는 부도덕한 자들, 실패한 자들이나 타락한 자들 - 의 종이 되었습니다. 나는 그들의 생활방식을 받아들이지는 않았습니다. 나는 그리스도 안에 내 뜻을 두었지만, 그들의 세계로 들어가서 그들의 관점으로 경험하고자 했습니다. 나는 모든 모양의 종이 되어, 만나는 사람들을 하나님께 구원받은 삶으로 인도하고자 애썼습니다. 내가 이 모든 일을 한 것은 하나님 나라 때문이었습니다. 나는 하나님 나라를 두고 이러쿵저러쿵 논하기보다, 다만 하나님 나라에 참여하고 싶었을 따름입니다.

(고전 9:19-23, 메시지성경)"

인문학은 성경을
어떻게 만나는가